KAKO UČITI VEDENJE IN KAKO GA NE

Dean Cotton

Uredil John Urwin

Positive Behaviour Strategies Ltd
Copyright © 2017 Dean Cotton

Prva izdaja 2017

ISBN 978-0-244-15316-8

Positive Behaviour Strategies Ltd
5 Cavendish Road
Sheffield
S11 9BH

www.pbstraining.co.uk

Kazalo

Uvod 4

Skoraj stoletje vedenjskih težav 9

Obvladovanje vedenja 16

Poudarek na vedenju 38

Poučevanje vedenja 44

Spekter vznemirjenja 60

Učenje in podpora po incidentu (PILS) 85

Učenje in podpora po incidentu (PILS) za posameznike s komunikacijskimi težavami 106

Priloge 138

Viri 141

UVOD

Pozitivno vedenje je izjemno subjektivno in idealizirano. Neverjetno veliko časa se ukvarjamo s primerjanjem otrok z njihovo idealizirano verzijo, in seveda se zgodi, da otroci včasih ne morejo doseči ciljev, ki smo jih zastavili, kar je že samo po sebi lahko izziv za odrasle in vir negativnih čustev ter frustracij. V knjigi raziskujem pogoste oblike vedenja, ki so preizkušnja za otroke in strokovne delavce, in pomagam ljudem do drugačnega pogleda na te oblike vedenja, pogleda, ki omogoča bolj premišljen in dosleden pristop k učenju samoobvladovanja.

Ljudje pogosto pravijo, da so bila šolska leta najlepši čas v njihovem življenju, v mojem primeru pa to ne drži. Pravzaprav lahko čisto iskreno zatrdim, da so bila šolska leta med najtežjimi v mojem življenju. V današnjem šolskem sistemu bi me skoraj zagotovo označili za otroka z motnjo pozornosti s hiperaktivnostjo (znano tudi pod angleško kratico ADHD), toda odraščal sem v sedemdesetih, ko ADHD še niso izumili.

Ob koncu šole so mi povedali, da sem »dober fant, vendar ne bom nikoli nič dosegel«. Kdo pa sem bil, da bi ugovarjal? Ko sem leta 1987 zaključil šolanje, si nisem mislil, da bom še kdaj stopil v šolsko učilnico. Po šolanju sem imel veliko različnih služb, med katerimi nobene ne obžalujem: od izdelave reprodukcij starinskega pohištva in polnjenja plinskih jeklenk do svojega prvega podjetja *DWCS (Dean`s Window Cleaning Services)*, servisa za čiščenje oken, s sloganom »Mi drgnemo močneje«. Pri devetnajstih sem postal šofer podjetja za dostavo pošiljk; dostavljal sem jih po vsej Veliki Britaniji in prevozil po štiristo do šesto kilometrov na dan in več. V tej službi sem imel veliko časa za razmišljanje o svoji prihodnosti in kaj bi rad od življenja.

Nekega četrtkovega popoldneva sem dostavil pošiljko šoli v mestu Sheffield. Ob vstopu v šolo sem opazil, da je ta šola drugačna, nekako posebna. Posebna zato, ker je bilo osebje v šoli nekaj posebnega, in to je bilo opazno od prvega trenutka, ko sem stopil skozi šolska vrata. Nikoli prej nisem začutil tako prijaznega, gostoljubnega in sproščenega vzdušja. Ravnatelj šole je potrdil prevzem pošiljke s podpisom, in ker sem se počutil tako prijetno, sem ga vprašal, kako se lahko zaposlim pri njih. Odgovoril mi je, da se lahko dogovorimo za prostovoljno delo v šoli.

Takoj naslednjega jutra sem bil ob devetih v šoli. Izkazalo se je, da je bila to ena najboljših odločitev v mojem življenju. V tistih časih še ni bilo Agencije za razkrivanje podatkov o kaznovanosti in prepoved zaposlovanja oziroma Urada za kazenske evidence.

Ravnatelj me je vprašal, v katerem oddelku šole bi rad delal, in ker je bila moja mama takrat varuška, ki je skrbela za majhne otroke, sem se odločil, da bi rad delal v šolskem vrtcu. Ravnatelj me je pospremil do vrtca in me predstavil zaposlenim. Tam sem z otroki užival v postavljanju stolpov iz lesenih kock, slikanju s prsti in branju pravljic skupinam otrok. Med odmorom za kosilo sem se znašel v zbornici med učitelji, ki so jedli svoje kosilo iz plastičnih posodic Tupperware in kramljali o prejšnjem večeru. V sobo je vstopil ravnatelj in me vprašal, ali se lahko pogovori z mano. Precej zaskrbljen sem mu sledil v kabinet, saj sem bil v preteklosti že velikokrat v učiteljskih kabinetih, običajno zato, ker sem kaj narobe naredil. Ravnatelj mi je povedal, da osebje vrtca meni, da kažem naravno empatijo za otroke v vrtcu, in zanimalo ga je, ali bi se želel izobraževati za vzgojitelja predšolskih otrok? To se mi je zdela odlična ideja, zato je takoj stopil v stik z Visoko šolo v Sheffieldu, ki je izvajala študijski program za predšolsko vzgojo *NNEB* (*National Nursery Examination Board*). Še isto popoldne sem šel na razgovor v Visoko šolo v Sheffieldu in naslednji ponedeljek sem začel študirati. *NNEB* je bil dveletni redni študijski program, zato sem se v tem času preživljal z igranjem v gledališču in moji starši so mi bili kot vedno v veliko oporo.

Med usposabljanjem na Visoki šoli v Sheffieldu sem imel srečo, da sem opravljal prakso v zelo različnih strokovnih okoljih, med drugim v Sheffieldski pediatrični bolnišnici. Prav v bolnišnici sem se začel zanimati za vedenje. Zdelo se mi je zelo zanimivo, da otroci med bivanjem v bolnišnici pogosto nazadujejo, in zelo sem si želel ugotoviti, kako bi jim lahko najbolje pomagali. Naletel sem tudi na predsodke zaradi svojega spola v pretežno ženskem poklicu, saj sem bil edini moški v treh skupinah po približno 30 žensk.

Naslednjih osem let sem delal kot vzgojitelj v predšolskem oddelku redne osnovne šole in moje zanimanje za vedenje se je okrepilo v željo po odkrivanju boljših načinov za zagotavljanje podpore otrokom in mladini. Leta 1999 sem se prijavil na delovno mesto koordinatorja za uravnavanje vedenja v šoli za mladostnike s čustvenimi in vedenjskimi težavami. Tukaj sem se »izučil svoje obrti«. Pravijo, da se več naučimo iz svojih napak kot iz uspehov, in med delom s temi mladostniki sem res naredil nekaj napak, ki pa na srečo niso imele katastrofalnih posledic. Prav tako sem imel srečo, da sem na šoli sodeloval s fantastičnimi kolegi, ki so si zelo prizadevali za čim bolj kakovostno šolo. Ravnatelj je bil pravi vir navdiha in z veliko vnemo se je zavzemal za strokovni razvoj zaposlenih. Med delom na šoli za učence s čustvenimi in vedenjskimi težavami sem se udeležil številnih izobraževalnih tečajev, vključno s tečajem Team Teach. Team Teach je holistični pristop k uravnavanju vedenja s posebnim poudarkom na preusmerjanju, razpršitvi in zmanjševanju vznemirjenja. Pristop zajema tudi varne in humane oblike fizičnega posredovanja. Na tem področju obstajajo različni izobraževalni moduli, toda naša šola je izbrala pristop Team Teach. Po zaključku tečaja Team Teach in vrsti drugih usposabljanj je šola začela doživljati en uspeh za drugim in vedenje učencev na šoli se je dramatično izboljšalo; število resnih incidentov na šoli se je zmanjšalo za 95 % in število izključitev na ničlo. Zaradi upada incidentov in izključitev je šola dobila številna priznanja. Leta 2005 so v okviru reorganizacije občinskega programa za mladostnike s čustvenimi in vedenjskimi težavami našo šolo zaprli in odprli sta se dve novi šoli za otroke s socializacijskimi, čustvenimi in vedenjskimi težavami. Prejel sem veliko klicev iz drugih ustanov, ki so potrebovale izobraževanje iz uravnavanja vedenja, zato sem se odločil pustiti službo in ustanovil sem lastno podjetje Pozitivne vedenjske strategije (*Positive Behaviour Strategies Ltd.*). Leta 2011 sem začel študirati vedenje na Univerzi v Leicestru. Tam sem leta 2014 magistriral in od takrat delam kot samostojni raziskovalec.

»Izberi delo, ki ga imaš rad, in niti en dan v življenju ti ne bo treba delati.«
Konfucij (551–479 pr. n. š.)

Skoraj stoletje vedenjskih težav

Če hočemo razumeti, kje smo danes na področju uravnavanja vedenja, je pomembno vedeti, od kod izhajamo in kako smo prišli do sedanje točke. V zadnjem stoletju smo bili priča množici pobud za uravnavanje vedenja, med katerimi so bile nekatere zelo uspešne in druge manj.

Britanski Zakon o izobraževanju iz leta 1921 je omogočil krajevnim šolskim oblastem, da financirajo programe v neodvisnih šolah. Temu je sledila ustanovitev nekaj neodvisnih šol za »neprilagojene« otroke. Začel se je val novega razmišljanja med pionirji, kot so bili Montessori, za katerega so značilne metode s poudarkom na samostojni izbiri dejavnosti; Froebel, ki je uvedel igro kot sredstvo za vključevanje otrok v samostojno dejavnost; in Steiner, ki je stremel k zagotavljanju umirjenega in ustvarjalnega učnega okolja. Poleg tega je Zakon iz leta 1921 prinesel uvedbo terapevtskih skupnosti, v katerih velja stališče, da je vloga odraslih biti dobri starši, ki postavljajo meje in spodbujajo otroka k soočanju s posledicami. Terapevtske skupnosti so lahko zelo učinkovite pri osebah s težavami v medosebnih odnosih in/ali socializacijskimi težavami, saj skupnost spodbuja uporabnike storitve, da prevzamejo odgovornost za lastni položaj, sodelujejo z drugimi in na ta način ustvarjajo odnose. Filozofija terapevtskih skupnosti je, da uporabnik storitve prevzame odgovornost za svoj problem in sodeluje pri rehabilitaciji drugih uporabnikov storitve. Terapevtske skupnosti so zaradi uspeha in zadovoljstva uporabnikov storitev dobile velik ugled v Združenem kraljestvu in tujini.

Zakon o izobraževanju iz leta 1994 je predvidel celovito izobraževanje za učence s posebnimi izobraževalnimi potrebami. Eden od rezultatov je bila uvedba pouka izven šolskih prostorov. Tak pouk je bil neformalen in je učiteljem omogočal sodelovanje s starši. Zakon je tudi opredelil »neprilagojenost« kot eno od enajstih kategorij prizadetosti. Leta 1947 so otroci z vedenjskimi težavami, označeni kot »neprilagojeni«, obiskovali 5 posebnih šol. Do leta 1964 je že 2440 otrok obiskovalo 60 tovrstnih šol (Cole in Pritchard, 2009). Leta 1955 je Odbor za neprilagojene otroke v Underwoodovem poročilu zapisal 97 priporočil za izboljšanje storitev za neprilagojene otroke. Poročilo je poudarilo pomen psihološkega svetovanja in preprečevanje težav z zagotavljanjem podpore družinam.

Zakon o izobraževanju iz leta 1981 je korenito spremenil javno pojmovanje posebnih izobraževalnih potreb. Pred letom 1981 je moral otroka v šolo za neprilagojene otroke napotiti zdravnik,

Zakon o izobraževanju iz leta 1981 pa je medicinski model preoblikoval v izobraževalni model. Zakon je prav tako ukinil izraza »neprilagojenost« in »prizadetost« ter uvedel termina »čustvene in vedenjske težave« in »posebne izobraževalne potrebe« (DfE, Department of Education, 1994). Spremembe so prinesle nove načine razmišljanja in razširile kulturo skrbi in vključevanja.

Leta 1989 je bilo objavljeno Eltonovo poročilo, ki je vsebovalo pregled vedenja v šolah. Poročilo je sledilo nizu objav v medijih o tem, da je šolstvo v krizi, da so otroci nasilni in da so tarče nasilja pogosto učitelji. Ugotovitev poročila je bila, da so v šolah nenehno prisotne rahle vedenjske težave, da ima le skromna manjšina učencev resne vedenjske težave in da redne šole ne morejo poskrbeti za potrebe takih učencev.

Leta 1989 je bil sprejet Zakon o otrocih, ki mu je kmalu sledila Konvencija ZN o otrokovih pravicah iz leta 1991. Interpretacija nove zakonodaje v medijih se je osredotočila predvsem na pravice mladih ljudi in le malo na njihove dolžnosti. Takrat so otroci in mladostniki prvič začeli dajati izjave, ki jih prej nismo nikoli slišali, na primer: »Ne smete se me dotakniti, saj poznam svoje pravice.« Poleg pravic imajo mladi ljudje tudi dolžnosti in ena od teh dolžnosti je, da skrbijo za lastno varnost. Po drugi strani ima šola dolžnost skrbeti za učence. Kadar učenci ne skrbijo za lastno varnost, lahko pride do potrebe, da to z dotikom storijo učitelji. Leta 2013 izdane smernice določajo, da dotikanje učencev ni nezakonito, in navajajo primere, ko bi dotik otroka lahko bil potreben:

- ko otroka držimo za roko na poti v šolsko stavbo ali med sprehajanjem v okolici šole;
- ko tolažimo otroka v stiski;
- ko učencu čestitamo ali ga pohvalimo;
- ko otroku kažemo, kako se drži glasbilo;
- ko kažemo vaje oz. tehnike pri pouku športne vzgoje ali na treningu in ko nudimo prvo pomoč.

Ministrstvo za šolstvo (julij 2013)

Zakon o izobraževanju iz leta 1993 je uvedel Enote za usmerjanje učencev kot kratkoročno alternativo za otroke, ki ne hodijo v šolo oziroma ne pridobivajo izobrazbe. Čeprav so bile Enote za usmerjanje učencev ustanovljene kot prehodna storitev, ki naj bi nudila otrokom intenzivno podporo do ponovne vključitve v redni šolski program, je to v praksi pogosto težko izvedljivo, saj nekatere šole nerade sprejmejo povratnike, in tu se proces zatakne. Priljubljenost takih storitev se je v naslednjih 15 letih povečala kar za desetkrat. Leta 1995 je bilo v Enote za usmerjanje učencev vključenih 5043 otrok. Točka 550b Zakona o izobraževanju (1996) je očitno spremenila način obravnave vedenja in več pozornosti namenila kaznovanju nezaželenega vedenja, saj določa, da sme v šoli, ki je pod okriljem krajevnega izobraževalnega organa, krajevne poklicne srednje šole ali akademije, učitelj mladoletnega učenca po pouku zadržati v šolskem priporu brez privoljenja staršev. Leta 1998 je bilo v Enote za usmerjanje učencev vključenih 7740 otrok in več kot 11500 otrok je obiskovalo posebne šole, nekatere od njih z internatom. Do leta 2007 je število učencev z oznako socializacijskih, čustvenih in vedenjskih težav naraslo na 129.310 in leto kasneje se je ta številka povečala na 149.049 (Cole in Pritchard, 2009).

Leta 2012 je Ministrstvo za šolstvo objavilo smernice Vedenje in disciplina v šoli priročnik za ravnatelje in šolsko osebje. Smernice so vsebovale nasvete za ravnatelje in šolsko osebje v zvezi z oblikovanjem šolskega pravilnika o vedenju in pojasnila o pooblastilih, ki jih imajo zaposleni za discipliniranje učencev. V smernicah je bilo obrazloženo, da morajo posamezne šolske ustanove same poskrbeti za izdelavo vedenjskih pravilnikov, ponujale pa so zelo malo vsebinskih nasvetov za pripravo kakovostnega pravilnika o vedenju. Te smernice so nadomestile prejšnje, vsebinsko sorodne smernice Pravilniki o šolski disciplini in vedenju učencev smernice za šole, 2010. Leta 2014 je bilo s Kodeksom o posebnih izobraževalnih potrebah in invalidnosti priznano, da imajo lahko nekateri otroci in mladostniki s širokim spektrom socializacijskih in čustvenih težav tudi temeljne težave v duševnem zdravju. Zakon je določil, da morajo imeti šole vzpostavljen jasno določen postopek za pomoč takim učencem.

Kratek pregled zadnjih sto let kaže, da so učenci s težavami dobivali pomoč v različnih oblikah, da pa je z vsakim letom vedno več mladih označenih za učence z vedenjskimi težavami. Smo torej vedno boljši v prepoznavanju vedenjskih znakov ali se vedenje res slabša? Raziskave kažejo, da smo vedno boljši v prepoznavanju vedenjskih težav pri mladih, toda brez visokokakovostnega usposabljanja učitelji pogosto nimajo znanja in veščin, ki so potrebne za pomoč takim učencem. Približno 40 % na novo usposobljenih učiteljev opusti pedagoški poklic v roku enega leta po zaključenem izobraževanju. Eden najpogostejših vzrokov za opustitev poučevanja je vedenje učencev. To stane britanske davkoplačevalce malo manj kot milijardo funtov na leto, in vendar bodoči učitelji med pedagoškim usposabljanjem opravijo le dve do tri ure izobraževanja o vedenju. Kakovostno izobraževanje o strategijah uravnavanja vedenja bi lahko precej pripomoglo k boljši pripravljenosti na novo usposobljenih učiteljev.

Toda kakovostna terapevtska pomoč ima svojo ceno in ker se proračuni venomer krčijo, so ustanove prisiljene iskati najcenejše možnosti. Kadar je učitelj slabo usposobljen in išče hitre rešitve za neželeno vedenje, se včasih zateče h kaznovanju, da bi obvladal vedenje učencev, namesto da bi poskušal razumeti in razrešiti temeljni vzrok njihovega vedenja. Take strategije so pogosto le obliž na rani, ki se ne celi, in le malo vplivajo na dolgoročno vedenje učenca.

Iz zadnjih sto let se lahko naučimo, da lahko otroke in mladostnike učimo vedenja na tri glavne načine: z zgledom, z učenjem alternativnih oblik vedenja in z razvijanjem čustvene inteligence.

Obvladovanje vedenja

V Združenem kraljestvu si včasih prizadevamo obvladovati vedenje s pomočjo kaznovanja in nagrajevanja, čeprav je zelo malo dokazov, ki kažejo, da je tak način učenja sploh učinkovit za obvladovanje lastnega vedenja (Dreikus in Grey, 1972). Kaznovanje lahko opišemo kot proces, ki sledi izraženemu vedenju, ali kot zadajanje odvračilnega oziroma bolečega dražljaja. Namen kazni je omejiti pogostost ali intenzivnost, s katero se neko vedenje pojavlja (Lefton, 1991). Če bo imelo določeno vedenje neželene posledice, naj bi se verjetnost za njegovo ponavljanje zmanjšala. Kazen ima lahko dolgoročen učinek le, če oseba dobi kazen vsakič, ko izraža nezaželeno vedenje, kar pa je težko izvedljivo, kadar je ta oseba v okolju, v katerem je ni mogoče kaznovati. Leta 1948 je B. F. Skinner raziskoval, kako lahko kaznovanje včasih spodbudi otroke k izražanju bolj zaželenega vedenja, če dosežemo, da postane nezaželeno vedenje sâmo nezaželeno. Izhajal je iz ideje, da naj bi se mladi bolje počutili takrat, kadar ravnajo prav, in bi zato sčasoma spremenili svoje vedenjske navade. Toda tak pristop je še vedno pomanjkljiv, če kaznovanje ni dosledno. B. F. Skinner je med preučevanjem odzivov živali na pozitivno in negativno podkrepitev skoval izraz »instrumentalno pogojevanje«. Pri pozitivni podkrepitvi ima določeno vedenje posledico, ki jo

16

človek doživlja kot nagrado. Cilj pozitivne podkrepitve je povečati verjetnost ponovitve takega vedenja. Čeprav je pozitivna podkrepitev lahko zelo učinkovit način vplivanja na vedenje, jo je treba dosledno izvajati v različnih okoljih. Nedosledno izvajanje strategije ima lahko prav nasproten učinek.

V nekem mestu so sto ljudi povabili k čiščenju mestnega parka. Ob koncu dneva so petdesetim ljudem od stotih dali 10 dolarjev in pohvalili njihovo prizadevnost. Leto kasneje so isto skupino ljudi spet povabili na čistilno akcijo, vendar so jim tudi jasno povedali, da nihče ne bo prejel plačila. Zanimivo je, da so na čistilno akcijo prišli prav tisti ljudje, ki prejšnje leto niso bili plačani. Stališče ljudi, ki so bili prvič plačani, je bilo, da ne bodo čistili parka, če ne bodo spet plačani, čeprav so se prej prostovoljno javili.

Z nagrajevanjem »dobrega vedenja« sporočamo, da so ljudje naredili nekaj zahtevnega oziroma posebnega, zato lahko »dobro vedenje« postane manj zaželeno. Čeprav je dokazano, da so sistemi nagrajevanja učinkoviti, se lahko posamezniki začnejo preveč zanašati na zunanjo nagrado in se težko prilagodijo, ko nagrado odtegnemo. Veliko šol uporablja sistem enkratnega in kreativnega nagrajevanja in take strategije lahko zelo učinkovito spreminjajo vedenje. Vendar pa morajo biti nagrade za vedenje prilagojene posameznikom in vsebovati mehanizem, ki preprečuje, da bi otroci in mladostniki postali odvisni od nagrad, sicer lahko pozneje v življenju doživljajo hude neuspehe. Nič ni narobe, če otrok dobi nalepko, ker lepo hodi po hodniku ali odpre vrata učitelju, toda pomisliti moramo tudi na posledice, ko bomo nehali zadovoljevati otrokova pričakovanja.

O dolgoročnem vplivu nagrajevanja na vedenje je bilo narejenih zelo malo raziskav. Ena obsežnejših raziskav je bila opravljena na Univerzi East Anglia leta 2000. V raziskavi je bilo ugotovljeno, da se mladim zdijo darila najučinkovitejša nagrada, verbalne pohvale pa najmanj učinkovita. Mladi ljudje so poročali, da nagrade in kazni nimajo vpliva na njihovo dolgoročno vedenje. Raziskava je prav tako pokazala, da bi bili v šolah, kjer učence motivira notranja želja po učenju, formalni sistemi nagrajevanja odveč. Zanimivo je, da so učitelji v vseh šolah, ki so sodelovale v raziskavi, poročali o nedoslednosti pri izvajanju šolskih sistemov nagrajevanja. V neki šoli smo ukinili vse sisteme nagrajevanja, in prišlo je do porasta manjših vedenjskih težav. Vodstvo je zajela panika in hoteli so ponovno uvesti prejšnje sisteme, toda namesto tega smo začeli raziskovati vzroke za povečan obseg manjših vedenjskih težav. Ugotovili smo, da sta za porast manjših vedenjskih težav dva glavna razloga:

- ukinitev sistemov nagrajevanja, na katere so bili učenci navajeni in
- kakovost pouka.

Namesto ponovne uvedbe sistema nagrajevanja so se v šoli odločili, da bodo stisnili zobe in posvetili več pozornosti izboljšanju kakovosti pouka. Ta šola ne uporablja več zunanjih nagrad in vidi v manjših vedenjskih težavah priložnost za prilagoditev sloga poučevanja in reševanje temeljnih vzrokov.

Ljudje včasih zmotno enačijo negativno podkrepitev in kaznovanje, toda gre za dva zelo različna principa, ki imata lahko povsem drugačen izid. Skinner v zvezi z instrumentalnim pogojevanjem (1948) razlaga, da negativna podkrepitev pomeni odstranitev odvračilnega dražljaja z namenom, da se okrepi izraženo vedenje. Ker dražljaj odstranimo, se to imenuje negativna podkrepitev. Negativna podkrepitev mora biti logično povezana z vedenjem. Tak primer je umik učencev od hrupnega požarnega alarma ali spodbujanje učencev k delu pri pouku, zato da ne dobijo domače naloge.

Negativna podkrepitev je vedenjsko načelo, ki je skoraj brez izjeme napačno razumljeno.
Cooper, Heron in Heward (2007)

19

Medtem ko podkrepitev določen odziv okrepi, ga kaznovanje oslabi. Namen kazni je doseči, da se kaznovana oseba zaradi svojega vedenja slabo počuti; kazen pomeni, da osebo doleti odvračilna posledica, ki ni naravno in logično povezana z neželenim vedenjem.

Čeprav se kaznovanje zdi racionalno, je treba pomisliti na učinek, ki ga ima na otroke. Vemo, da je dajanje zgleda eden najuspešnejših načinov vedenjske vzgoje. Več kot sto ljudi sem vprašal, kaj najprej storijo, ko zagledajo merilnik hitrosti na cesti. Petinosemdeset odstotkov vprašanih je odgovorilo, da upočasnijo vožnjo, od preostalih jih je 10 % odgovorilo, da najprej preverijo svojo hitrost in nato upočasnijo, samo 5 % vzorčne skupine pa je povedalo, da nikoli ne vozijo prehitro. Na vprašanje, kaj storijo potem, ko so odpeljali mimo merilnika hitrosti, je 78 % vzorčne skupine odgovorilo, da ponovno pospešijo. Namen tega poskusa je bil odkriti, kako učinkovito se zaradi merilnikov hitrosti ljudje naučijo obvladovati svoje vedenje. Razvidno je, da radarji obvladujejo vedenje voznikov zaradi strahu pred kaznijo, kot je na primer plačilo kazni ali odvzem točk na vozniškem dovoljenju, toda pri takem kaznovanju je težava v tem, da radarji ne učijo ljudi, kako obvladati lastno vedenje.

Dodaten problem kaznovanja je, da ljudi obvladuje samo v določenem okolju, npr. radar lahko prehitrega voznika ujame le na določenih odsekih ceste. Tako kot mnogi drugi vozniki, sem imel tudi jaz to srečo, da sem se moral udeležiti tečaja varne vožnje, katerega namen je poučiti voznike o nevarnosti neprilagojene hitrosti. Tečaj je logična posledica prehitre vožnje (Dreikurs in Grey, 1972), ker je posledica povezana z vedenjem. Raziskava, ki jo je opravil profesor Robin Martin na Univerzitetni poslovni šoli, je preučevala vedenje 1311 voznikov. Martin je ugotovil, da je tečaj izboljšal odnos voznikov in njihovo pripravljenost upoštevati hitrostne omejitve in da so se pozitivni učinki tečaja pokazali takoj.

Leta 2013 sem preučeval vpliv kazni, ki je razširjena v šolah po vsem Združenem kraljestvu, in sicer zadržanje učencev po pouku šolski pripor. Ena od šol je poročala, da so učenci dobivali toliko več priporov, kolikor dlje so obiskovali šolo, zato so se v šoli začeli spraševati o učinkovitosti strategije. To me je spodbudilo k raziskovanju drugačnega pristopa k priporu v rednih srednjih šolah.

Zanimivo je, da Oxfordov slovar pod geslom »pripor« navaja primer rabe »učitelji so bili deljenega mnenja o učinkovitosti pripora«. To res drži za mnoge šolske kolektive. Eden od

21

razlogov, zakaj šole uporabljajo pripor, je mogoče njihova neosveščenost glede drugačnih strategij za uravnavanje vedenja ali pa se šole morda ne zavedajo individualnih potreb mladostnikov.

»Uporaba pripora za odpravljanje vseh oblik neželenega vedenja učencev je enaka jemanju enega samega zdravila za vse telesne tegobe.«

Johnson (2005)

Cotton in Savard (1982) sta ugotovila, da so kazni kot je pripor lahko učinkovita metoda za obvladovanje vedenja posameznikov in izboljšanje šolske klime. Njuna raziskava kaže, da je kazen najučinkovitejša:

- če je v sorazmerju s storjenim prekrškom;
- če jo učenec dojema kot kazen;
- če kazen spremlja podpora.

Raziskava torej ugotavlja, da mora biti učinkovita kazen sorazmerna s storjenim prekrškom. To utegne biti zelo težko izvedljivo, če pomislimo, da je vsak človek individuum; kar je za nekoga mogoče sorazmerno, za nekoga drugega ni. »Ena okrog ušes« se zdi nekaterim ljudem sorazmerna kazen za vsak manjši prekršek, medtem ko se drugi s tem ne strinjajo. Cotton in sodelavci trdijo, da je treba kazen pospremiti s podporo. Tako stališče podpirajo Van Bockern in sodelavci (2008), ki ugotavljajo:

>>*Tradicionalni pristop k priporu, v katerem učenci molčijo, sedijo pri miru in nič ne delajo, je kaznovalen in neučinkovit način spreminjanja vedenja. Tak pripor ne prispeva k pozitivni šolski klimi. Pri otrocih, ki že doživljajo travmo zaradi strahu, osame in čustvene zlorabe, lahko slabo izvajanje pripora travmo le še poveča.*<<
Van Bockern (2008)

Čeprav imajo kazni svojo vlogo, je treba upoštevati, da je njihov namen obvladovanje oseb, vendar ljudi precej neuspešno učijo, kako obvladati svoje vedenje. Van Bockern in sodelavci (2008) so ugotovili, da kaznovalni pristopi ne prispevajo k pozitivni šolski kulturi. Čeprav se učenci v takem okolju pogosto vedejo v skladu s pričakovanji učiteljev, ima to lahko negativen vpliv nanje; pogosto se ne naučijo obvladati svojega vedenja, saj kaznovanje ne rešuje temeljnih vzrokov za vedenje. Taki učenci se pogosto zapletajo v incidente, kadar ni prisotnih odraslih oseb, da bi jih nadzirale, saj kaznovano vedenje ni pozabljeno, ampak potlačeno in se pogosto ponovno pojavi, kadar ni nevarnosti, da bodo kaznovani.

»Med temi zidovi mogoče klije prihodnost.
Mogoče pa se Jez samo naliva s pivom.
Toda ko se topiš, se zlivaš z okolico.
Tvoja obzorja se širijo.
Vas v tej šoli ne učijo nobene pameti?«
Jarvis Cocker , »Off The Shelf« (2005)

V viktorijanskih časih so otroke poslali v kot in jim nadeli visok koničast klobuk s črko B ali besedo »butelj« na sprednji strani. To je bila kazen, s katero so ponižali otroka, ki je bil »počasen« ali se je »grdo obnašal«, zato da bi razmislil o svojem vedenju. Zaradi televizijskih oddaj, ki starše učijo, kako obvladati otroke, je postal popularen »poredni stol« (»*naughty chair*«). Take strategije so hitro postale del šolskega okolja, kjer so izraz spremenili v »stol za razmislek« ali »stol za odmor«, da bi tehniki dali večjo legitimnost. Mnogi verjamejo, da takšno prekinitveno obdobje omogoča otroku čas za razmislek o lastnem vedenju, toda tehnika naj bi se uporabljala pri zelo majhnih otrocih, ki pa pogosto še niso sposobni takega razmišljanja. Šolsko osebje se mora zavedati, da so take strategije namenjene staršem, ki so doma sami z otrokom in morda izgubljajo nadzor nad seboj. To, da posadimo otroka na določeno mesto, dokler se ne umirimo, je lahko izredno dobra strategija, vendar otroku ne koristi kaj dosti, in sicer zato ne, ker otrok potrebuje varno navezanost in je odvisen od staršev oziroma skrbnikov, ki naj bi zadovoljili njegove osnovne potrebe, če jih ne, pa to lahko slabo vpliva na otroka.

Razširjena praksa v številnih učilnicah je tudi semafor za nadziranje učencev. Imena učencev so na začetku pouka na območju zelene luči, če pa naredijo kaj narobe, jih učitelj premakne na rumeno luč. Če učenec nadaljuje z neželenim vedenjem, učitelj njegovo ime postavi na rdečo luč. Na podoben način se pogosto uporabljajo sonce in oblaki; otrok je na začetku na soncu, ob negativnem vedenju pa pristane na oblaku. V nekaterih šolah učitelj ime otroka, ki se neprimerno vede, zapiše na tablo. Te strategije zgolj pomagajo obvladovati učence zaradi strahu pred ponižanjem, njihova vzgojna vrednost pa je spet zelo skromna. Take negativne vedenjske strategije lahko močno vplivajo na otrokovo samospoštovanje. Skinner (1979) ugotavlja, da so take metode neučinkovite in da jih otroci in mladostniki upoštevajo le zato, da se izognejo kazni. Nekateri učenci, ki so sodelovali v raziskavi, so menili, da so strategije uravnavanja vedenja neučinkovite in da se ukvarjajo predvsem z vedenjem namesto s čustvi, ki povzročajo vedenje (Long, N. J., Wood, M. M., & Fecser, F. A. 2001). Izsledki raziskav na tem področju so zelo jasni: nikoli ni dobro, da se otrok počuti ponižanega. Tako kaznovanje lahko privede do dodatnih problemov, kot so depresivnost, povečana anksioznost in agresivnost. Smallwood

(2010) pravi: »Poniževanje lahko sproži takojšnjo spremembo vedenja zaradi strahu, vendar lahko prinese mnogo več škode kot domnevnih koristi. Poniževanje otroka omalovažuje in pomanjša. Osebe, ki doživljajo tako strupeno vzdušje, utrpijo veliko škodo«. Predstavljajte si, da bi začeli te strategije uporabljati v zbornici pri učiteljih, ki jim ni uspelo pravočasno izpeljati učnega načrta ali so zamudili na sestanek.

Iskanje temeljnih vzrokov za vedenje omogoča učitelju, da se bolj primerno odzove, in učencem, da se naučijo primernejših načinov za izražanje potrebe po pomoči (DfES, 2005). Otroke in mladostnike lahko med drugim učimo vedenja z lastnim zgledom (Bandura 1961). V svojem slavnem in nekoliko spornem eksperimentu z lutko Bobo je Bandura opazoval otroke pri igri z napihljivo lutko. Pri tem poskusu se odrasla oseba začne nasilno vesti do lutke. Bandura je ugotovil, da se otroci učijo vedenja z opazovanjem. Če učitelji s svojim zgledom kažejo, da lahko uveljavijo svojo voljo s kaznovanjem, je treba premisliti, kaj s tem sporočajo otrokom. Otroci običajno nimajo pooblastila, da bi sošolcem odredili pripor, ali pravice, da bi jih s sonca premaknili na oblak. Hitro se naučijo, da morajo poiskati drugačen način za kaznovanje vrstnikov, ki so jih vznemirili ali razjezili.

Kakovostno uravnavanje vedenja mora imeti dolgoročen vpliv na vedenje posameznika, tako da se posameznik nauči vesti v različnih okoljih. Strategija, ki se obnese le v okolju, kjer se uporablja, posamezniku bolj malo pomaga zunaj tega okolja.

Pri izvajanju strategij obvladovanja je zelo pomembno, da premislimo o tem, kako bomo posameznike odvadili od takih strategij in jih spodbujali k odgovornosti; pomembno je, da se otroci sami želijo poboljšati. Če otrok ne odvadimo od nagrad, lahko nastane problem, ker se hitro začnejo zanašati na nagrajevanje. Učenci imajo ob prehodu v srednjo šolo lahko težave zaradi kontrolnih sistemov, ki se izvajajo v osnovnošolskem izobraževanju.

V neki srednji šoli manjša skupina učencev ni hotela vstopiti v razred za matematiko. Ko so jih vprašali zakaj, so učenci odgovorili, da ne vidijo smisla v pouku in razložili, da ne dobijo točk tako kot v osnovni šoli, zaradi česar niso bili motivirani za učenje matematike.

Učitelji, ki nasprotujejo kazenskim strategijam uravnavanja vedenja, pogosto uporabljajo strategije z zunanjim motiviranjem, kot so nagrajevalni sistemi oz. žetoniranje za spreminjanje vedenja. Žetoniranje (žeton je lahko nalepka, igralni žeton, ki se lahko tudi zamenja za drugo nagrado) je strategija, ki temelji na podkrepitvi želenega vedenja in ignoriranju ali kaznovanju neželenega vedenja. Take strategije so do neke mere uporabne in so lahko zelo uspešne, vendar lahko tudi oslabijo naravno motivacijo. Nagrajevanje v otrocih vzbuja pričakovanja, saj začnejo verjeti, da so upravičeni do nagrade za želeno vedenje. Tak sistem je prepleten s težavami, če se uporablja nepravilno ali nedosledno.

Ko je imel moj sin sedem let, sem ga peljal v šolo in ves navdušen mi je pokazal svoj nagradni karton, na katerem je imel štiri nalepke. Z enako vnemo mi je povedal tudi, da ima njegova sošolka na svojem nagradnem kartonu sto dvajset nalepk. Seveda sem se pogovoril z učiteljem, ki mi je rekel, naj me ne skrbi in da bo dal sinu nekaj več nalepk. Naslednje jutro je bil sin ob prihodu v učilnico takoj pohvaljen, ker je »lepo vstopil« in si prislužil dve nalepki. Moj sin je pojasnil, da ni vstopil v učilnico, da bi dobil nalepko, ampak zato, ker se tako pač dela.

»Nisem vstopil v učilnico, da bi dobil nalepko, ampak zato, ker se tako dela.«
Max Cotton, 7 let (2012)

Nagrade in kazni učinkujejo podobno kot tablete proti bolečinam če nismo previdni, lahko zakrijejo osnovni vzrok težav.

Proaktivno odzivanje je lahko učinkovita strategija za obvladovanje vedenja posameznikov. S tako strategijo lahko dosežemo, da se negativno vedenje zelo redko pojavlja, kar pa ni vedno dober znak. Kako naj posameznik postane odporen, če nikoli ni izpostavljen negativnim situacijam?

Okolje

Dobro okolje je odvisno od številnih dejavnikov, ki skupaj skladno učinkujejo. Med dejavniki, ki prispevajo k dobremu okolju, je temperatura sobe ali vonj v sobi; neurejena soba lahko daje posamezniku negativno sporočilo. Pri osebah z avtističnimi motnjami ali težavami v duševnem zdravju lahko barva sten ali barva oblačil, ki jih nosijo ljudje v bližini, negativno vpliva na vedenje. Če je prisotnih preveč čutnih dražljajev naenkrat, lahko take osebe doživijo senzorično preobremenitev in se potegnejo vase ali postanejo agresivne. Tudi mesto v učilnici, kjer sedi posameznik, je lahko za nekatere otroke pomemben dejavnik, na primer zaradi svetlobe na tem mestu ali dinamike z otroki, ki jih obkrožajo. Prav tako je treba razmisliti, kakšno okolje ustvarjamo mi sami v osebnem in strokovnem smislu. Negativen odnos do učencev ali nerealistična pričakovanja lahko zelo negativno

29

vplivajo na okolje. Drugi okoljski dejavnik je ureditev učilnice; ureditev mora biti praktična in omogočati enostavno gibanje po prostoru. Prenatrpanost s pohištvom zmanjša prosto površino tal, zato so ljudje prisiljeni vstopati v intimne prostore drugih, kar tem lahko vzbuja tesnobo. Za nekatere ima glasba pomembno vlogo pri ustvarjanju sproščenega vzdušja in pomaga vzpostaviti pozitivno učno naravnanost, ki izboljša koncentracijo, spodbuja domišljijo in naredi učenje bolj zabavno. Pri izbiri glasbe je pomembno, da razmislimo o vrsti glasbe in glasnosti predvajanja. Upoštevati moramo, da se nekateri posamezniki težko zberejo ob zvokih glasbe, zato bo rezultat zanje negativen. Domovi za otroke in mladostnike in druge vzgojno-varstvene ustanove morajo skrbno načrtovati okolje, v katerem bivajo otroci. Trdno verjamem, da mora biti dom dom, toda včasih je v napoto zakonodaja. V nekaterih domovih za otroke in mladostnike sem videl po stenah gasilske aparate in posterje z Zakonom o varnosti in zdravju pri delu. Čeprav je to pomemben del opreme, morajo domovi poskrbeti, da okolje ne deluje preveč neosebno, saj gre navsezadnje za dom, zato naj bo čim bolj domačno. Velika previdnost je potrebna tudi pri načrtovanju okolja za osebe z motnjo navezanosti; take osebe imajo včasih rade nepospravljeno in neurejeno okolje, kar pa mogoče ni skladno z načeli ustanove. Najboljše okolje je okolje, ki je razumevajoče, skrbno in upošteva individualne potrebe ljudi, ki v njem preživljajo čas.

Učni stili / stili poučevanja

V šolah je pomembno upoštevati različne učne stile učencev, ki jih izobražujemo, oziroma, če sem bolj natančen, svoj lastni stil poučevanja. V prvi polovici osemdesetih let je Howard Gardner z Univerze v Harvardu določil 7 različnih vrst inteligence:

- prostorska,
- glasbena,
- telesno gibalna,
- medosebna,
- jezikovna,
- znotrajosebna,
- logično matematična.

Gardnerjeva raziskava je doživela izjemen uspeh in sprejeli so jo izobraževalni sistemi po vsem svetu. Toda nadaljnje raziskave strokovnjakov, kot so bili Jones in sodelavci (2009), so pokazale, da se otroci bolje učijo, kadar jim predstavimo podatke na način, ki otroke potegne iz »območja udobja«. Obstaja le malo znanstvenih dokazov, ki bi potrjevali, da učni stili vplivajo na količino podatkov, ki jih posameznik lahko sprejme, in dandanes mnogi menijo, da so učni stili eden največjih mitov nevroznanosti.

31

Namesto, da se ukvarjamo z učnimi stili, je morda bolj koristno, da se posvetimo stilom poučevanja, med katerimi so najbolj značilni:

- formalni/avtoritativni ali predavateljski stil;
- demonstracijski/osebni ali trenerski stil;
- koordinatorski ali na aktivnostih temelječi stil;
- delegirni ali skupinski stil.

Nekateri vrhunski pedagogi uporabljajo mešanico poučevalnih stilov s poudarkom na tem, da učence pritegnemo v učni proces in jim pomagamo razviti veščine kritičnega mišljenja. Če ima učenec težave pri kakem predmetu, ni nujno, da mu ni všeč predmet; včasih mu ne leži učiteljev stil poučevanja tega predmeta.

Pričakovanja

Kakovostna proaktivna podpora pogosto izhaja iz stvarnih pričakovanj. Pričakovanja je treba strogo uveljavljati, toda zastavljanje strogih pravil lahko včasih pripelje do težav, ki imajo škodljiv vpliv na učno okolje. Omejitve pogosto dojemamo kot cilje. Na primer, če je hitrostna omejitev 50 km/h, večina ljudi

32

dejansko vozi s tako hitrostjo (ali hitreje), če pa bi bila hitrostna omejitev 30 km/h in bi vozili hitreje, skoraj zagotovo ne bi presegli 50 km/h. V neki šoli, kjer sem bil svetovalec, so imeli pravilo, da morata biti na šolski kravati vidni vsaj dve progi. Večina učencev na šoli je imela kravato zavezano tako, da sta se videli le dve progi, nekateri pa so komaj še upoštevali pravilo, tako da se nista videli niti dve progi v celoti. Če nenehno nasprotujemo otrokom, ker preizkušajo meje, se lahko hitro zgodi, da ustvarimo negativno okolje in otroci bodo prej ko slej dobili odpor do šole. Pogosto je bolj učinkovito, če osebam, ki preizkušajo meje, diskretno in individualno pomagamo. Če so pričakovanja previsoko zastavljena, se slabo počutimo, kadar niso izpolnjena. To lahko privede do razočaranja in posledično do negativnega vedenja vseh vpletenih oseb. Vodenje z zgledom je prav tako dober način, da podkrepimo pričakovanja. Če učenke ne smejo nositi kratkega krila in nakita ter uporabljati ličil, bi moralo enako veljati tudi za učiteljice in učitelje?

Ustaljen red

Nekateri najuspešnejši ljudje na svetu se držijo ustaljenega reda, ki jim omogoča, da se posvetijo stvarem, ki so zanje pomembne. Red oziroma rutina nam daje občutek strukture in domačnosti. Mlade uči samoobvladovanja in jim pomaga, da se počutijo varno in sproščeno. Red pomaga ljudem načrtovati dan in odpravlja skrbi, kaj bo sledilo. Otroci z avtističnimi motnjami se zelo zanašajo na ustaljeni red in učitelji morajo poskrbeti za ustrezno seznanjanje takih posameznikov z redom. Pri tem si lahko pomagamo z nazornim urnikom ali tablo, ki kaže trenutno in naslednjo dejavnost. Čeprav so bile te strategije zasnovane posebej za otroke z avtističnimi motnjami, ugotavljam, da koristijo večini ljudi. Red ne le otrokom temveč tudi zaposlenim pomaga do večje sproščenosti in jim omogoča, da se posvetijo trenutku tukaj in zdaj brez občutka negotovosti, kaj bo potem. Red nam omogoča, da smo učinkovitejši, da vzpostavimo strukturo, povečamo zagon in okrepimo samozavest.

Komunikacija

Neželeno vedenje je pogosto odraz neuspešne komunikacije. Težavno vedenje je sredstvo, s katerim posameznik izraža potrebo po podpori. Otroci in mladostniki s komunikacijskimi težavami včasih težko sporočajo ljudem svoje doživljanje ali čustva. Thorley (2000) je ugotovil, da se vedenjske težave z zdravstveno komponento pri majhnih otrocih pogosto pojavljajo skupaj s komunikacijskimi težavami. Heneker (2005) je preučeval

34

povezavo med vedenjem in komunikacijo. V raziskavi je ugotovil, da je imelo 55 - 100 % mladih ljudi s socializacijskimi, čustvenimi in vedenjskimi težavami tudi nekaj težav s komunikacijo. Odrasli si moramo prizadevati, da bi razumeli namen izraženega vedenja, tako da lahko posameznikom kar najbolje pomagamo. Pred kratkim sem bil priča, ko je otrok z avtističnimi motnjami zalučal stol po učilnici. Otroka so hitro odpeljali iz učilnice in mu dali čas, da se pomiri. Osebje je vneto pojasnjevalo, da za njegovo vedenje ni povoda in da pogosto »brca brez razloga«. Med pogovorom z otrokom sem kmalu izvedel, da mu je bilo v učilnici prevroče in da ni bil sposoben povedati: »oprostite, tukaj notri je prevroče«. Naučil pa se je, da ga bodo iz učilnice odpeljali v hladnejši prostor, če bo vrgel stol.

Pozitivni medosebni odnosi

V svojem navdihujočem govoru *TED* (*Technology Entertainment and Design*; Tehnologija, zabava in oblikovanje) je leta 2015 Robert Waldinger, vodja 75 let trajajoče raziskave o tem, kaj prispeva k srečnemu življenju, govoril o pomenu medosebnih odnosov. Pozitivni odnosi izredno pozitivno vplivajo na naše telesno in duševno zdravje. Načrtovano odzivanje šolskega osebja lahko pomaga ohranjati pozitivne odnose s posamezniki. Zaupanje, spoštovanje, skupni interesi in številne druge sestavine

35

lahko prispevajo k razvoju pozitivnih odnosov. Res pa je, da zaupam, spoštujem in imam skupne interese tudi z osebami, s katerimi nimam dobrih odnosov. Dejansko gradijo pozitiven odnos tako skupne pozitivne izkušnje kot tudi skupne negativne izkušnje. V dobrem odnosu morajo pozitivne izkušnje prevladati nad negativnimi izkušnjami, hkrati pa je treba razumeti, da skupne pozitivne izkušnje običajno niso tako silovite kot negativne. Pravijo, da so negativne izkušnje sedemkrat bolj intenzivne kot pozitivne izkušnje. Potemtakem velja, da moramo za vsako negativno izkušnjo, ki jo doživimo z neko osebo, doživeti vsaj sedem pozitivnih izkušenj, da je končni rezultat izenačen.

V spodnjem tortnem grafikonu svetla ploskev kaže skupne negativne izkušnje in temna ploskev skupne pozitivne izkušnje: tako naj bi bil sestavljen dober odnos. Če bi razmerje obrnili, bi grafikon seveda kazal slab odnos.

Pozitivne izkušnje   Negativne izkušnje

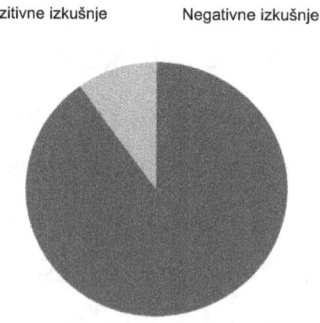

Ob tem je treba pripomniti, da skupne negativne izkušnje ne škodujejo vedno odnosu; negativna izkušnja lahko ljudi zbliža, če je ni sprožila nobena od vpletenih oseb. Drugi pomembni dejavnik je ta, da lahko negativne izkušnje pogosto pretvorimo v pozitivne s pomočjo metode »učenje in podpora po incidentu«, ki temelji na predpostavki, da je učenje iz izkušenj pozitiven rezultat in da se več naučimo iz napak kot iz uspehov.

Predstavljajmo si, da otroci hodijo naokrog s hranilnikom. Ko zavpijemo nad otrokom ali ga ponižamo, mu vzamemo ven 7 evrov, ko pa doživimo z otrokom lepo izkušnjo, v hranilnik pade le 1 evro. Vse to je zelo subjektivno, toda upoštevanje tega pravila lahko odraslim pomaga razvijati pozitivne odnose z mladimi, kar je eden od dejavnikov, ki prispevajo h kakovostnemu uravnavanju vedenja.

Poudarek na vedenju

Če želimo spodbujati pozitivno vedenje, moramo začeti s prepričanji. Raziskave kažejo, da naša prepričanja vplivajo na naše vedenje. Če ne verjamem, da nekaj zmorem, se verjetnost, da mi bo uspelo, bistveno zmanjša, če pa iskreno verjamemo, da lahko nekaj dosežemo, so naše možnosti za uspeh veliko večje. V znamenitem in zelo spornem eksperimentu »modre oči, rjavo oko« iz leta 1968 je Jane Elliot, učiteljica tretjega razreda osnovne šole, želela pokazati svojemu razredu pomen enakopravnosti, potem ko ji je njen devetletni učenec »v hecu« povedal, da je on ustrelil Martina Luthra Kinga. Jane Elliot je vprašala učence, ali bi se jim zdelo zanimivo presojati ljudi po barvi oči, in razdelila razred devet- in desetletnikov na skupino z rjavimi očmi in skupino z modrimi očmi. Ker je imela Jane Elliot modre oči, se je odločila, da bodo modrooki učenci glavni, rjavooki otroci pa so morali nositi ovratnice, zato da bi jih lažje ločili. Otroci z rjavimi očmi so bili cel dan obravnavani kot drugorazredni državljani, medtem ko so modrooki otroci dobivali nagrade, kot je dodatni čas za igranje. Poleg tega se modrooki otroci niso smeli igrati z rjavookimi. Naslednji dan so zamenjali vloge. Med poskusom so preverjali znanje otrok s pomočjo kartic. Otroci z ovratnicami so bili oba dneva manj uspešni kot otroci brez ovratnic. Poskus je pokazal, da ljudje pogosto izpolnimo pričakovanja, ki jih imajo drugi glede nas; če verjamemo, da nismo enako dobri kot drugi, verjetno res ne bomo.

»Ravnaj z ljudmi, kot da so že, kar bi morali biti, in pomagal jim boš doseči, česar so sposobni.«

Johann Wolfgang von Goethe (1968)

Prepričanja imajo ogromno vlogo pri uravnavanju vedenja in pomembno je nasprotovati negativnim prepričanjem, saj so pogosto škodljiva. Negativna prepričanja lahko preoblikujemo v pozitivna, če posamezniku z negativnimi prepričanji omogočimo drugačne izkušnje. Včasih sem menil, da je Coldplay kar dobra glasbena skupina, zato mi je žena kupila vstopnice za njihov koncert. Koncert je bil čudovit in prepričal me je, da je Coldplay ena najboljših skupin na svetu. Izkušnja je spremenila moje prepričanje iz naklonjenosti v veliko občudovanje. Ko je skupina izdala nov album, sem ga prenesel na svoj telefon in poslušal na poti s konference domov. Do prihoda domov sem ugotovil, da je Coldplay popolnoma zanič, in spet sem spremenil svoje prepričanje.

Nekaj ljudi verjame, da ima določena oseba »vedenjske težave«, kar lahko spodbudi še druge, da se osredotočijo na negativno vedenje te osebe. Po nekaj urah so zaposleni že trdno prepričani, da ima ta človek vedenjske težave. To se imenuje selektivna pozornost, ki jo bom podrobneje obravnaval v nadaljevanju. Ko sem prosil strokovne delavce v različnih službah, naj opišejo težavno vedenje posameznikov, so po navadi kot najhujše oblike vedenja omenjali metanje stolov in napade na osebje. Tako vedenje se pogosto opisuje kot »izpad«. Izraz »izpad« je lahko nevaren, saj ne prispeva k ustvarjanju spodbudnega okolja. Velikokrat me prosijo za pomoč šole, v katerih imajo učenci pogoste »izpade«! Ob takem sporočilu dobim vtis, da vlada kaos in so otroci neobvladljivi. Zanimivo je, da imam veliko boljši vtis, kadar me za pomoč prosijo šole, v katerih otrocih pogosto »potrebujejo podporo«, in po navadi ugotovim, da so te ustanove veliko bolj spodbudne kot šole, v katerih imajo otroci »izpade«. Že s spremembo izražanja (tudi v zbornici) lahko precej pripomoremo k bolj pozitivnemu okolju. Gre za več kot le besede: izraz »izpad« spodbuja učitelje, da so pozorni predvsem na hujše motnje pouka, zaradi česar ne opazijo pomembnejših in lažje obvladljivih oblik manj motečega vedenja, kjer lahko že z zgodnjo obravnavo posamezniku zagotovimo zadostno podporo.

Kaj vidite na naslednji strani knjige?

●

Vidite piko? Nekateri na strani vidijo piko, drugi človeka s sombrerom iz ptičje perspektive, toda kaj drugega še vidite? Kaj pa besedilo na vrhu strani? In svoje roke, ki držijo knjigo? Svoj noht na palcu? Skodelico kave na mizi v ozadju ali kozarec vina?

Pika na prejšnji strani bi lahko ponazarjala vedenje; če se osredotočimo na vedenje, imamo zelo malo možnosti, da ga spremenimo. Gledati moramo širše. Nenavadno zanimivo je, da se ljudje vedno osredotočamo na vedenje otrok, manj pa to delamo pri odraslih. Šolsko osebje pogosto vprašam, kako bi se odzvali, če bi v učilnico vstopil jezen učenec in v jezi prevrnil stol. Pogost odgovor je: »Rekla bi mu, naj pobere stol ali naj gre iz učilnice.« Sprašujem se, kako bi se odzvali, če bi v zbornico vstopil jezen učitelj in v jezi prevrnil stol? Dobri ljudje med nami bi ga verjetno vprašali: »Si v redu? Kaj se je zgodilo? Bi se rad pogovoril?« Kadar otrok kaže težavno vedenje, se pogosto osredotočimo na vedenje samo, pri odraslih pa nas bolj zanima, kaj je sprožilo tako vedenje. Ukvarjanje z vzrokom vedenja je veliko boljše izhodišče za odpravljanje težavnega vedenja.

Kadar nam kdo pove, da otrok ali mladostnik kaže težavno vedenje, se začnemo osredotočati na njegovo vedenje in skorajda čakamo, da se bo začel negativno obnašati. To je selektivna pozornost. Znate opisati svojo ročno uro, ne da bi jo gledali? Ima arabske številke ali rimske številke, ali črtice, ki nadomeščajo številke? Kakšne barve je številčnica in kakšne barve so kazalci? Večina ljudi ne zna opisati svoje ure, čeprav jo pogledajo 10- do 20-krat na dan, in sicer zato, ker se ob gledanju na uro osredotočimo na čas in spregledamo podrobnosti.

Dodaten problem pri osredotočanju na vedenje je, da različnim oblikam vedenja včasih sledijo zelo različni odzivi. Na primer, če se otrok namenoma poškoduje, dobi pomoč, če pa poškoduje drugega otroka, pogosto dobi kazen.

Naj povzamem. Če se otrok nenavadno obnaša, naj učitelji poskušajo razumeti funkcijo takega vedenja; tako bodo znali bolje ukrepati s primernimi podpornimi strategijami.

Poučevanje vedenja

Če želimo spremeniti vedenje, je pomembno razumeti, od kod vedenje izvira. Vsi smo v življenju doživeli veliko različnih izkušenj in te izkušnje določajo naša čustva. Naše izkušnje in čustva pa določajo naše vedenje.

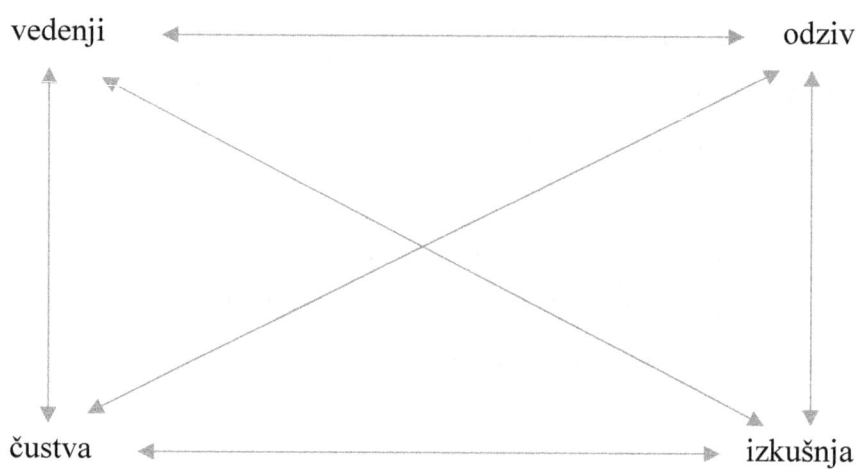

vedenji   odziv

čustva   izkušnja

Ni nujno, da so izkušnje resnične, lahko so tudi namišljene. Ob piškotih linške oči še danes postanem nekoliko živčen zaradi ponavljajočih se sanj, ki sem jih imel v otroštvu, v katerih me je preganjala množica linških očes. Sanje so bile negativna izkušnja in zaradi tega začutim tesnobo, ko zagledam piškote, čeprav mi je njihov okus všeč! Negativna izkušnja lahko vzbudi negativna čustva in negativna čustva lahko sprožijo to, kar imamo za negativno vedenje. Negativno vedenje otroka je lahko negativna izkušnja za odrasle, kar vzbuja negativna čustva, to pa nato sproži negativno vedenje odraslega, kot je vpitje na otroka. Otrok ob tem doživlja novo negativno izkušnjo in krog se nadaljuje. Seveda položaj ni vedno tako enostaven, saj so včasih čustva tista, ki sprožijo izkušnjo. Če nam nekaj vzbuja prijeten občutek, si najbrž želimo izkušnjo ponoviti. Včasih nam določeno vedenje vzbuja določena čustva. Pravzaprav so izkušnje, čustva in vedenje vzajemno povezani med sabo. Pomembno je razumeti, da je mehanizem lahko tudi drugačen; včasih lahko negativen občutek sproži pozitivno vedenje, posebno če smo se nekaj naučili iz izkušnje/občutka, na primer, če se dotaknem vročega predmeta (izkušnja), občutim bolečino (negativen občutek) in to sproži pozitivno vedenje, če sem se naučil, da se predmeta ne smem več dotakniti. To se imenuje naravna posledica in je zelo močna strategija spreminjanja vedenja. O naravnih posledicah bom pisal v nadaljevanju knjige.

45

Zdaj vemo, da negativne strategije za uravnavanje vedenja, kot je kaznovanje, lahko vzbujajo negativna čustva, ki posledično pogosto sprožijo še več negativnega vedenja, zato take strategije ne prispevajo k pozitivnemu okolju in pozitivnim odnosom. Take strategije imajo torej negativen vpliv na vedenje.

Odrasli ljudje, ki delamo v šolah in/ali drugih ustanovah, smo dolžni skrbeti za otroke, zato je naša naloga, da prekinemo začarani krog. Krog lahko prekinemo s spremembo enega od dejavnikov, ki ga sestavljajo, torej izkušenj, čustev ali vedenja. Sprememba kateregakoli od teh dejavnikov bo po vsej verjetnosti prinesla drugačen rezultat.

Spremenimo izkušnjo

Medtem ko ne moremo spremeniti izkušenj, ki jih je posameznik doživel, lahko vsekakor spremenimo naš odnos do njih. Če je na primer otrok doživel negativno izkušnjo ob odraslih, mu lahko ponudimo pozitivne izkušnje, ko je z nami. Če je imel otrok negativno izkušnjo v šoli, lahko poskušamo poskrbeti, da bo imel v šoli več pozitivnih izkušenj.

Ko sem imel sedem let, me je učiteljica javno ponižala. Z različnimi pripomočki sem naredil božično voščilnico (v skladu z navodili). Hotel sem napisati »vesel božič«, vendar nisem znal črkovati besede božič, zato sem se obrnil na učiteljico. Povedala mi je, naj sedem in uporabim lastno iniciativo. Ves zmeden sem se vrnil v svojo klop, saj sem mislil, da je bila moja prošnja za pomoč samoiniciativna. Malo sem premislil in se nato odločil, da grem po slovar. Ko sem bil na pol poti do omare, je učiteljica zavpila »Cotton, sedi!«. Poskušal sem razložiti, da sem šel po slovar, vendar je učiteljica ponovila, naj sedem. Po kratkem premisleku sem se odločil, da bom vprašal sošolca. Ko si star sedem let, greš vprašat najboljšega učenca v razredu, kako se beseda črkuje. Najboljši v črkovanju je bil Ian, zato sem sklenil, da vprašam njega. Toda Ian je sedel na drugem koncu učilnice. Pridušeno sem zaklical »IAN!«, vendar me ni slišal. Poskusil sem malo glasneje, in spet nič. Tretjič sem bil precej glasnejši in tokrat me je slišal, slišala pa me je tudi učiteljica. »Nehaj motiti druge učence, Cotton, in dokončaj nalogo!« je zavpila. Ko mi je učiteljica rekla, naj ne motim »drugih« učencev, sem mislil, da to pomeni vse druge učence, ne le Iana. Na razne načine sem poskušal pritegniti njegovo pozornost, ne da bi motil druge učence, in nazadnje sklenil, da vržem vanj radirko. Moj met je bil odličen, saj ga je radirka zadela v vrat. Ian se je obrnil in me jezno pogledal, stegnil roko kviško in rekel »Učiteljica! Cotton je vrgel radirko vame!«. Učiteljica, ki je bila zdaj zelo jezna, mi je zabrusila, da imam zadnjo priložnost, da končam svojo nalogo ali pa grem iz učilnice. Sedel sem in se spraševal, kako naj »uporabim lastno iniciativo«, da bom pogruntal, kako črkovati »božič«. Ko sem imel sedem let, sem včasih pomešal nekatere črke med sabo (tako kot vsi sedemletniki). Namesto »Vesel božič« sem na voščilnico napisal »Vesel požič«. Voščilnico sem nesel učiteljici in med potjo gledal, kakšne voščilnice delajo drugi otroci. Kar nisem mogel verjeti moja je bila najlepša in še prvi sem končal! Voščilnico sem položil pred učiteljico in rekel »Končal sem«. Prijela jo je za vogal s palcem in kazalcem, jo pogledala, se skremžila in lopnila z voščilnico po mizi. Nato je dvignila roko in zavpila: »Vsi prenehajte z delom, poglejte sem in poslušajte!« V razredu je zavladal molk, nato je učiteljica pokazala mojo voščilnico in rekla: »Dean ni znal črkovati božič in je napisal požič! Seveda so se vsi začeli smejati in bil sem skrajno ponižan.

Ta izkušnja mi je vzbudila negativne občutke do šole, toda ko sem 12 let kasneje vstopil v poslopje šole Reignhead v Sheffieldu, da bi dostavil pošiljko, se je moja negativna šolska izkušnja v hipu spremenila.

Spremenimo čustva

Poglobljena spoznanja o možganih potrjujejo nenehno interakcijo med čustvi in telesnim stanjem (Faupel in sod. 1998). Pomen čustev je prvi poudarjal Freud (1923), ki je v svojih zgodnjih delih o psihodinamiki preučeval teorijo, da človeško vedenje temelji na psihičnih silah. Čeprav je Freudovo delo zgodovinsko priznano, je v znanstveno raziskovalnem pogledu izgubilo veljavo. Njegovo delo poudarja interakcijo med nezavedno in zavestno motivacijo ter pomen čustev. Britanski šolski program »Socialni in čustveni vidiki učenja« (DfES, 2005) spodbuja učitelje, naj se osredotočijo na temeljne vzroke težavnega vedenja, in izhaja iz stališča, da ukvarjanje s čustvi namesto z vedenjskimi izidi omogoča učinkovitejše odzivanje učiteljev. Otroci se naučijo okrepiti zavest o samih sebi, kar jim omogoča učinkoviteje uravnavati čustva in izoblikovati širšo paleto odzivov. Sprememba stališč nam lahko pomaga spremeniti tudi čustva. Težko je spremeniti čustva, ki jih doživljamo, če prej ne spremenimo izkušnje. Toda razvijanje otrokove čustvene pismenosti nam lahko vsaj pomaga prepoznati otrokova čustva. Če vprašate triletnika, kako se počuti, bo po navadi odgovoril, da je »vesel« ali »žalosten«. Podpora, ki jo bomo ponudili preobremenjenemu posamezniku, je lahko zelo drugačna od podpore, ki jo bomo ponudili posamezniku v stiski. Na primer, preobremenjeni osebi bomo dali dovolj prostora, da se sprosti, če pa je oseba v stiski, jo bomo mogoče objeli. Ko s posamezniki govorimo o čustvih, je dobro preveriti njihovo intenzivnost. Oseba lahko izraža različno vedenje glede na to, ali doživlja manjšo ali hudo stisko, zato je pomembno, da preverimo intenzivnost čustva.

Vemo, da je vedenjska vzgoja možna s postavljanjem zgleda, toda včasih zamudimo odlične priložnosti za prikazovanje primernega vedenja in skrivamo čustva pred otroki. Mogoče imate slab dan, s partnerjem ste se sprli, na poti v službo vam je počila guma in še lije kot iz škafa. Nekateri učitelji zavzamejo profesionalno držo takoj, ko vstopijo v šolsko poslopje in zamudijo priložnost, da bi povedali otrokom, kako se počutijo in kako se s tem spoprijemajo. Z razvojem čustvene inteligence lahko izpilimo svoje odzivanje na čustva in tako dosežemo boljši izid.

Ljudje, ki so čustveno zelo inteligentni, so na splošno uspešnejši, srečnejši in (pozor) privlačnejši kot ljudje z nizko ravnijo čustvene inteligence. Torej, ko rečem »privlačnejši«, s tem ne mislim, da so lepši, temveč da čustveno inteligentne osebe privlačijo ljudi okrog sebe. Tako je zato, ker so čustveno inteligentne osebe pozitivne, samozavestne, cenijo druge ljudi, v njihovi družbi je prijetno in težko jih je užaliti. Gotovo se strinjate, da so to dobre lastnosti, pa tudi lastnosti, ki jih vsi potrebujemo za uspeh v življenju. To ne pomeni, da ne moremo biti uspešni z nizko ravnijo čustvene inteligence, le da je uspeh manj verjeten.

Nekoč sem opravil majhno raziskavo, v kateri sem prosil učitelje na šoli, naj razvrstijo otroke v seznam in jih razporedijo od tistih, ki se jim zdijo najmanj težavni, do otrok, ki sem jim zdijo najtežavnejši. Nato sem s preprostim (in precej grobim) pripomočkom za ocenjevanje čustvene inteligence določil raven čustvene inteligence posameznih otrok. Raziskava je pokazala neposredno korelacijo med težavnim vedenjem in čustveno inteligenco; najtežavnejši otroci so bili najmanj čustveno inteligentni in najmanj težavni so bili zelo čustveno inteligentni.

Nekoč sem spoznal šestletno deklico, ki je zapustila učilnico, ker so ji rekli, naj ne govori med delom. Vprašal sem jo, kaj se je zgodilo, in razložila mi je, da ni poslušala učitelja, ko je dajal navodila, zato ni znala rešiti naloge. Učitelj jo je nato zalotil, ko je vprašala sošolko, in jo prosil, naj se neha pogovarjati. Deklico sem vprašal, kako se je počutila, ko ji je učitelj prepovedal govoriti, in deklica mi je odvrnila, da je bila »zbegana«. Seveda sem osupnil, ker se je šestletnica izustila tako kompleksno besedo. Ob nadaljnjem spraševanju sem se prepričal, da deklica popolnoma razume pomen tega čustva, in da je bil odhod iz učilnice njena strategija za spoprijemanje s čustvom. Ta deklica je bila zelo čustveno inteligentna in bil sem ponosen nanjo. (To je bilo v šoli, s katero sem veliko sodeloval.)

Zakaj torej v naših šolah toliko časa posvečamo akademski inteligenci, če številne raziskave kažejo, da je čustvena inteligenca veliko pomembnejša? Ko sem imel še resno službo, je šola, v kateri sem bil zaposlen, sprejela program Socialni in čustveni vidiki učenja (*SEAL*). Namen programa je bil spodbujati socialno in čustveno pismenost pri otrocih in jih opremiti z veščinami, ki jih potrebujejo, da bodo znali srečno in zdravo živeti. Ministrstvo za izobraževanje je v referatu o vplivu tega programa ugotovilo, da je uspešen.

Če želimo oblikovati čustveno inteligentno šolo, ne potrebujemo le čustveno inteligentnega šolskega osebja, ampak moramo čustveno inteligentnim učiteljem dati tudi čas, da otroke naučijo čustvene inteligence, torej so potrebne spremembe! Sir Ken Robinson se je v svojem slavnem govoru *TED* na zabaven in globoko ganljiv način zavzel za izobraževalni sistem, ki bi negoval in ne spodkopaval ustvarjalnost. Omenil je način, kako poučujemo matematiko. Sir Ken Robinson razlaga, kako otroke, da vedno znova ponavljajo matematične metode, potem pa jim povemo, naj na te metode pozabijo in jih učimo neko drugo metodo, nakar jim spet povemo, naj jo pozabijo in tako naprej. Do takrat, ko otroci odrastejo, že pozabijo večino vsega, kar so se naučili pri matematiki, in to ne velja le za matematiko. Če bi čustveno inteligentni učitelji učili otroke čustvene inteligence, bi imela ta vseživljenjska veščina velikanski vpliv na življenje ljudi, saj čustveno inteligentni ljudje razumejo ravnovesje med delom in igro in dojemajo spremembe kot del življenja, zanimajo jih drugi ljudje in čutijo empatijo, poznajo svoje slabosti in prednosti, so motivirani, osredotočajo se na pozitivno plat in težko jih je užaliti.

Ob tem si želim, da bi bil tudi jaz čustveno inteligenten!

Pripomoček za ocenjevanje čustev, ki je prikazan na naslednji strani, sta zasnovala Ledson in Moffat leta 2010. Z njim sta hotela pomagati strokovnim delavcem pri ocenjevanju čustvene inteligence otrok in mladostnikov, s katerimi delajo. Ledson in Moffat sta ugotovila, da ocenjevalni pripomoček pomaga pri načrtovanju natančne, individualne podpore za mlade z avtističnimi motnjami.

		Vesel	Žalosten	Navdušen	Zdolgočasen	Zaskrbljen	Olajšanje	Jezen	Miren	Prestrašen	Varen	Ljubezen	Sovraštvo	Zagret
Simboli	Včasih pogleda simbol čustva													
	Včasih prepozna simbol čustva													
	Med doživljanjem čustva pogleda simbol čustva													
	Med doživljanjem čustva prepozna simbol čustva													
Fotografije	Včasih pogleda fotografijo čustva													
	Včasih prepozna fotografijo čustva													
	Med doživljanjem čustva pogleda fotografijo čustva													
	Med doživljanjem čustva prepozna fotografijo čustva													
Drugi ljudje	Pogleda drugo osebo (ne sliko), ki doživlja čustvo													
	Z uporabo podpornih simbolov prepozna čustvo, ki ga doživlja oseba (ne slika)													
	Brez podpornih simbolov prepozna čustvo, ki ga doživlja oseba (ne slika)													
Oseba sama	Medtem ko doživlja pozitivna čustva, se z uporabo podpornih simbolov odzove na vprašanje: »Se počutiš ...?«													
	Medtem ko doživlja negativna čustva, se z uporabo podpornih simbolov odzove na vprašanje: »Se počutiš ...?«													
	Medtem ko doživlja pozitivna čustva, se brez podpornih simbolov odzove na vprašanje: »Se počutiš ...?«													
	Medtem ko doživlja negativna čustva, se brez podpornih simbolov odzove na vprašanje: »Se počutiš ...?«													
	Medtem ko doživlja pozitivna čustva, z uporabo podpornih simbolov sporoči drugim, kako se počuti, ne da bi bil vprašan													
	Medtem ko doživlja pozitivna čustva, brez uporabe simbolov sporoči drugim, kako se počuti, ne da bi bil vprašan													
	Medtem ko doživlja negativna čustva, z uporabo podpornih simbolov sporoči drugim, kako se počuti, ne da bi bil vprašan													
	Medtem ko doživlja negativna čustva, brez uporabe simbolov sporoči drugim, kako se počuti, ne da bi bil vprašan													
	Medtem ko doživlja negativna čustva, brez uporabe simbolov sporoči drugim, kako se počuti, ne da bi bil vprašan, in s podporo primerno uravnava svoja čustva													
	Medtem ko doživlja negativna čustva, brez uporabe simbolov sporoči drugim, kako se počuti, ne da bi bil vprašan, in brez podpore primerno uravnava svoja čustva													

		Utrujen	Ponosen	Sram	Zavist / ljubosumje	Kriv	Zadovoljstvo	Bolečina	Užitek	V stresu	Sproščen	Frustriran	Zmeden	Razumevajoč	Empatija
	Včasih pogleda simbol čustva														
Simboli	Včasih prepozna simbol čustva														
Simboli	Med doživljanjem čustva pogleda simbol čustva														
Simboli	Med doživljanjem čustva prepozna simbol čustva														
Fotografije	Včasih pogleda fotografijo čustva														
Fotografije	Včasih prepozna fotografijo čustva														
Fotografije	Med doživljanjem čustva pogleda fotografijo čustva														
Fotografije	Med doživljanjem čustva prepozna fotografijo čustva														
Drugi ljudje	Pogleda drugo osebo (ne sliko), ki doživlja čustvo														
Drugi ljudje	Z uporabo podpornih simbolov prepozna čustvo, ki ga doživlja oseba (ne slika)														
Drugi ljudje	Brez podpornih simbolov prepozna čustvo, ki ga doživlja oseba (ne slika)														
Oseba sama	Medtem ko doživlja pozitivna čustva, se z uporabo podpornih simbolov odzove na vprašanje: »Se počutiš …?«														
Oseba sama	Medtem ko doživlja negativna čustva, se z uporabo podpornih simbolov odzove na vprašanje: »Se počutiš …?«														
Oseba sama	Medtem ko doživlja pozitivna čustva, se brez podpornih simbolov odzove na vprašanje: »Se počutiš …?«														
Oseba sama	Medtem ko doživlja negativna čustva, se brez podpornih simbolov odzove na vprašanje: »Se počutiš …?«														
Oseba sama	Medtem ko doživlja pozitivna čustva, z uporabo podpornih simbolov sporoči drugim, kako se počuti, ne da bi bil vprašan														
Oseba sama	Medtem ko doživlja pozitivna čustva, brez uporabe simbolov sporoči drugim, kako se počuti, ne da bi bil vprašan														
Oseba sama	Medtem ko doživlja negativna čustva, z uporabo podpornih simbolov sporoči drugim, kako se počuti, ne da bi bil vprašan														
Oseba sama	Medtem ko doživlja negativna čustva, brez uporabe simbolov sporoči drugim, kako se počuti, ne da bi bil vprašan														
Oseba sama	Medtem ko doživlja negativna čustva, brez uporabe simbolov sporoči drugim, kako se počuti, ne da bi bil vprašan, in s podporo primerno uravnava svoja čustva														
Oseba sama	Medtem ko doživlja negativna čustva, brez uporabe simbolov sporoči drugim, kako se počuti, ne da bi bil vprašan, in brez podpore primerno uravnava svoja čustva														

Spremenimo vedenje/odziv

Če hočemo spremeniti vedenje, je pomembno, da vemo, kakšno vedenje hočemo videti namesto tega, ki ga vidimo. Spodnja tri vprašanja lahko pomagajo učiteljem, da se osredotočijo na pomoč otrokom in jim pomagajo do spremembe.

- Katero vedenje hočem spremeniti?
- Kakšno je nasprotno pozitivno vedenje, ki ga hočem videti?
- Kako naučiti vedenje, ki ga hočem videti?

Recimo, da se učenka neprestano oglaša med poukom. Nasprotno pozitivno vedenje bi bilo primerno opozarjanje nase, na primer z dvigom roke. Učenki bi lahko enostavno rekli, naj dvigne roko, toda mogoče to ne bi bilo zelo učinkovito. Učinkovitejša metoda bi bila pogovor z učenko, v katerem bi jo vprašali, kako bi lahko pritegnila pozornost na primernejši način in nato uporabljala izbrano strategijo. Ta preprosta metoda je lahko zelo učinkovita strategija pri številnih oblikah vedenja, pri čemer je ključno, da vemo, kakšno vedenje hočemo doseči namesto neželenega vedenja, in se nato osredotočimo na učenje vedenja, namesto da zgolj povemo posamezniku, naj nečesa ne počne.

Spremembo vedenja lahko dosežemo z nekaj zelo preprostimi strategijami uravnavanja vedenja. Zelo preprosta strategija je, da posamezniku povemo, kakšno ravnanje si želimo od njega, namesto da mu povemo, česa si ne želimo. Na primer, če učenec teče po šolskem hodniku, je namesto besed »Ne teci!«, boljši odziv »Po hodniku hodimo, hvala«. Pogosto je veliko bolje, da rečemo »hvala« namesto »prosim«.

»Ne morem spremeniti smeri vetra, lahko pa prilagodim jadro in tako vedno dosežem cilj.«
Jimmy Dean

Zgoraj opisane metode temeljijo na spreminjanju otrokovih izkušenj, čustev in vedenja. Mnogo lažje je spremeniti lastno vedenje kakor vedenje drugih.

Če spremenimo lastno negativno vedenje v bolj pozitivno vedenje, bo otrok doživel pozitivno izkušnjo, ki bo v končni fazi spodbudila bolj pozitivno vedenje. Težava je v tem, da tudi vedenje učiteljev izhaja iz njihovih izkušenj in čustev, ki so včasih negativna. Otrok, ki nenehno povzroča hrup, lahko spravi odraslega ob živce, zato odrasli doživlja negativno izkušnjo, ki ga žene v negativno reakcijo. V taki situaciji je lahko zelo učinkovita načrtovana reakcija učiteljev, zlasti če načrtovane reakcije pripravi več ljudi skupaj in ne posamezniki. Z načrtovanjem lahko veliko pripomoremo k doslednemu ravnanju posameznikov in poskrbimo za to, da se učitelji premišljeno odzovejo, ko naletijo na znano obliko vedenja. Če ima odrasli načrt, se ga mora samo še držati; to zmanjšuje morebiten stres, ki ga doživlja ob neželenem vedenju, če se mora vedno sproti znajti. Načrtovanje prav tako pripomore k doslednosti in vsi vemo, da je doslednost pogosto ključ za reševanje vedenjskih težav.

Z dobrim pravilnikom o vedenju in močnim vodstvom lahko ustvarimo pozitivno okolje za osebje in učence. Dober pravilnik mora šola uporabljati kot priročnik z navodili za šolsko osebje. Neverjetno se mi zdi, koliko učiteljev na nekaterih šolah, s katerimi sodelujem, ne pozna vsebine šolskega pravilnika o vedenju. Šolsko osebje ni plačano, da se vede v skladu z lastnimi občutki, temveč v skladu z usmeritvami šole. Dvomim, da si to lahko privoščijo zaposleni v drugih dejavnostih. Če bi bil na primer šofer avtobusa in bi mi nadrejeni naročil, naj vozim po liniji št. 85, meni pa ta pot ne bi bila všeč in bi se raje odločil za nekaj bližnjic ali za vožnjo po poti z lepšo panoramo, prav gotovo ne bi dolgo obdržal službe.

Če pravilnik določa, da mora osebje upoštevati načrt vedenja, ko ima opravka z določeno obliko vedenja, mora tako tudi ravnati. Če obstaja enostaven načrt, ki ga je pripravila ekipa, v katero so vključeni tudi starši/skrbniki in otroci sami (kjer je to primerno), lahko učitelji uporabljajo načrtovane odzive, kadar nastane potencialno težavna situacija. Načrt je treba razčleniti po fazah vznemirjenja in določiti, kašno podporo naj učitelj nudi v posameznih fazah.

Leta 2010 sem raziskoval pogovorne terapije, kot so kognitivno vedenjska terapija, svetovanje, intervju v življenjskem prostoru, krizna intervencija v življenjskem prostoru in številne druge. Med raziskovanjem sem ugotovil, da večina pogovornih terapij postavlja v središče posameznikove izkušnje, čustva, vedenje in/ali odzive drugih ljudi. Za dostop do pogovorne terapije mora imeti posameznik pogosto že izražene duševne težave, nato sledi podrobno raziskovanje njegovih izkušenj, čustev, vedenjskih vzorcev in/ali odzivov drugih ljudi, vse z namenom, da se prejemnik podpore nauči drugače gledati na svoj položaj. Če bi raziskali posameznikove izkušnje, čustva, vedenjske vzorce in/ali odzive drugih ljudi takoj po incidentu s pomočjo metode učenja po incidentu (*PIL, Post Incident Learning*), mogoče sploh ne bi prišlo do nastanka težav v duševnem zdravju, ker bi posameznik prejel pomoč že ob njihovem izvoru.

Spekter vznemirjenja

Možgani gredo skozi več faz vzburjenja, preden dosežejo vrhunec agresije, kar lahko prikažemo s spektrom intenzivnosti. Spekter sega od blagih oblik tesnobnega vedenja, kot je tapkanje ali presedanje, do hujših oblik kriznega vedenja, kot so napad na človeka, poškodovanje premoženja in depresivno vedenje, na primer umik vase in/ali potrtost.

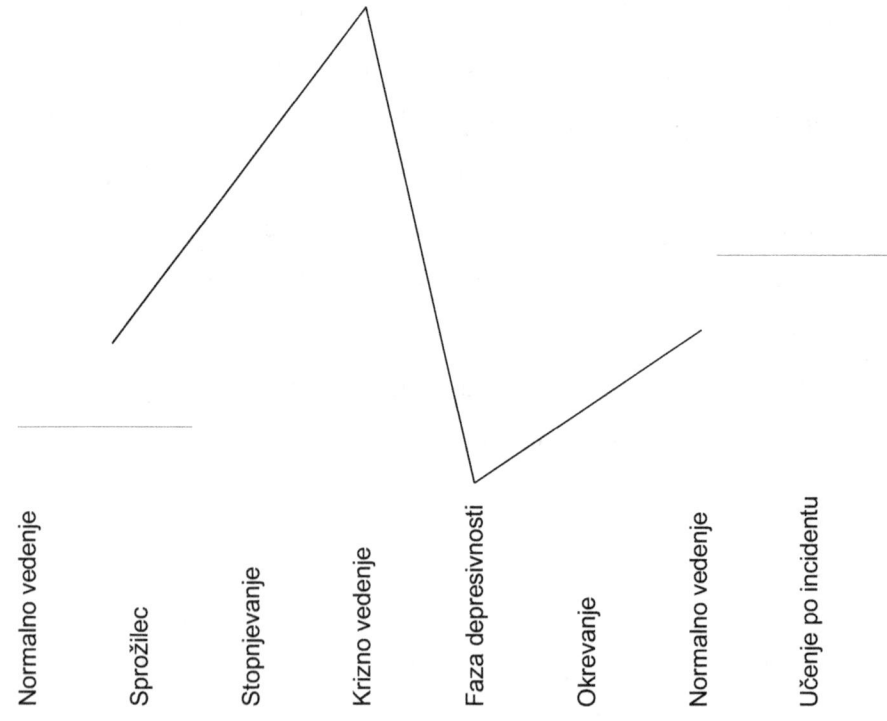

Normalno vedenje   Sprožilec   Stopnjevanje   Krizno vedenje   Faza depresivnosti   Okrevanje   Normalno vedenje   Učenje po incidentu

Ko je človek sproščen, so sproščeni tudi njegovi možgani. Sproščeni možgani so dojemljivi za učenje in lahko shranijo veliko količino informacij ter sprejemajo premišljene odločitve. Zaradi lažje ponazoritve bom tako stanje imenoval »normalno vedenje«. Sprožilec lahko v možganih sproži fazo stopnjevanja, ki ovira možganske procese, zato racionalno odločanje postane težje in sposobnost shranjevanja informacij v možganih se zmanjša. Med fazo kriznega vedenja, ko možgani dosežejo vrh krivulje vznemirjenja, je lahko izredno težko sprejemati racionalne odločitve in sposobnost za shranjevanje novih informacij je zelo majhna. Po vrhuncu se možgani začnejo postopoma sproščati; ob tem lahko posameznik doživlja stisko ali depresivne občutke. Pomembno je opozoriti, da so v tej fazi možgani še vedno v stanju visokega vznemirjenja in da posameznik pogosto potrebuje podporo.

Normalno vedenje

Ko pripravljamo vedenjski načrt, je pomembno, da sodelujejo vsi ključni akterji, ki skrbijo za dobrobit otroka, in prispevajo k vedenjskemu načrtu. Pomembno je tudi, da vsi razumejo, katero je »normalno vedenje« otroka in kako se izraža navzven. Ljudje me pogosto prosijo za nasvet, kako pomagati majhnim otrokom z »vedenjskimi težavami«. Opazovanje takih otrok pogosto pokaže,

61

da ne gre za »vedenjske težave«, temveč za »normalno vedenje« otrok te starosti. Če hočemo razumeti, kaj je »normalno vedenje« nekega posameznika, je treba poznati njegovo ozadje. Otroci so včasih grajani zaradi slabih manir za mizo. Možno je, da jih doma niso naučili lepega vedenja pri jedi ali pa doma nimajo jedilne mize, za katero bi se tega naučili.

Sprožilci

Za vedenje vedno obstaja sprožilec, toda pogosto ga je težko prepoznati zaradi kompleksnosti posameznikov. Sprožilci so lahko notranji ali zunanji in lahko temeljijo na več izkušnjah in čustvih ali pa na eni sami. Kadar smo utrujeni ali lačni, se lahko zgodi, da smo manj strpni. V tem primeru gre za notranji sprožilec, ki je posledica počutja in razpoloženja. Zunanji sprožilec se lahko pojavi ob zunanjem vplivu, na primer če nam kdo reče »ne« ali če nam oseba na agresiven način nasprotuje.

Učitelji pogosto razlagajo, da »ni bilo nobenega povoda« ali da »je imela izpad brez razloga«, toda vsi vemo, da to ni res, torej zakaj to rečemo? Med drugim zato, ker vemo, da ima otrok problem in da je »izpad« le sestavni del njegovega vedenja. Najbrž je odraslemu človeku tudi lažje kriviti otroka, kot pa priznati, da ne razume, kaj je temeljni sprožilec, saj je sprožilce včasih težko prepoznati. Drugo zmotno prepričanje je, da se moramo izogibati sprožilcem. Izogibanje je lahko problematično. Ena od šol, ki sem jim pomagal, je skrbela za otroka z avtističnimi motnjami, ki je napadal zaposlene v rdečih oblačilih. Zaposlene so obvestili, da ne smejo nositi ničesar v rdeči barvi, sicer se lahko zgodi, da bodo žrtve napada. Čeprav je varnost na prvem mestu, bi se šolsko osebje moralo intenzivno ukvarjati z učencem, da bi zmanjšali njegovo občutljivost in razrešili temeljni vzrok njegovega vedenja. Z obvestilom osebju, naj ne nosi rdeče barve, šola zgolj kontrolira otrokovo vedenje.

Stopnjujoče vedenje

V fazi stopnjevanja lahko postane posameznik vedno bolj vznemirjen ali zmeden, kaže izogibajoče vedenje, postane obramben in kljubuje avtoriteti odraslih. Ko govorimo o obrambnem vedenju, imamo običajno v mislih vedenje, ki ga bolj določajo čustva kot mišljenje. Obrambne oblike vedenja so vgrajene v možgane, da nas pomagajo obvarovati pred bolečimi občutki.

>*»Biti defenziven pomeni reagirati z vojno mentaliteto na nevojni problem.«*
>**Sharon Ellison (1998)**

Za fazo stopnjevanja je značilno tudi, da se začne zmanjševati aktivnost racionalnega prefrontalnega režnja in da prevlada zadnji – refleksni del možganov. Ko se delovanje prefrontalnih režnjev ustavi, se ljudje pogosto nepremišljeno odločajo in oddajajo negativne signale. Ti signali se izražajo kot negativno vedenje, ki pogosto izzove negativen odziv in še preden se zavemo, naše vedenje doseže vrhunec.

Krizno vedenje

Krizno vedenje se razlikuje od posameznika do posameznika, tako kot druge faze vedenjskega spektra. Ob prehodu v krizno vedenje pride do navala krvi v čelni reženj, kar lahko vpliva na posameznikovo racionalno mišljenje. Nadledvična žleza preplavi organizem s stresnima hormonoma adrenalinom in kortizolom, in to poveča posameznikovo raven energije in moči. Zaradi tega se povišata tudi krvni pritisk in srčni utrip. Oblike kriznega vedenja so na primer kričanje na človeka ali odhod iz prostora, včasih pa krizno vedenje vključuje tudi fizično ogrožanje sebe ali drugih ljudi. Take oblike vedenja seveda v večini kultur niso družbeno sprejemljive in so v marsikaterem primeru tudi nevarne. Če posameznik, za katerega skrbimo, ogroža sebe ali druge, je naša dolžnost, da ga po potrebi fizično obvladamo in tako poskrbimo za njegovo varnost in varnost okolice. Delavci v službah, kjer se pojavlja nesprejemljivo vedenje, morajo biti usposobljeni za pomoč takim posameznikom. Fizično obvladovanje je učinkovito le, če hkrati uporabljamo tudi druge tehnike uravnavanja vedenja, predvsem strategije preusmerjanja, razpršitve in zmanjševanja vznemirjenja ter učenje iz incidenta.

Ključni pravni pojmi, ki jih je treba upoštevati, kadar razmišljamo o ukrepih, kot sta osamitev in/ali fizično obvladovanje, so:

- največja korist,
- razumnost,
- nujnost in
- sorazmernost.

»Največja korist« posameznika, za katerega skrbimo, mora biti vedno na prvem mestu.

»Razumnost« pomeni, da je osebje opravilo načrtovano ali dinamično oceno tveganja in pretehtalo tveganje. Odločili smo se, da je tveganje zaradi našega posredovanja manjše od tveganja zaradi neukrepanja. Če je tveganje nepredvidljivo, lahko pride v poštev osamitev (oseba je prisiljena biti sama proti svoji volji) kot del dinamične ocene tveganja. Nekateri trdijo, da se osamitev uporablja kot del kontinuuma restriktivnih oblik fizičnega posredovanja, in v takem primeru je treba upoštevati psihološki

65

vpliv posredovanja in omejitve ali odvzema prostosti. Če se načrtuje osamitev, je treba oceniti duševno zdravje v skladu s Kodeksom o duševnem zdravju iz leta 2015.

Ukrep je »nujen«, če smo izčrpali vse druge vedenjske strategije (razen v izrednih razmerah zaradi situacije, ki ni bila predvidljiva). Če v prostorih ustanove obstaja soba, ki se uporablja za osamitev, lahko sklepamo, da ne gre za nepredvidljivo, pač pa za predvidljivo tveganje. V tem primeru je predpostavka nepredvidljivosti neutemeljena.

Obstaja veliko izobraževalnih modulov za uporabo fizičnega obvladovanja, in čeprav so si mnogi vsaj na videz podobni, se med seboj zelo razlikujejo (Deveau in sod. 2009).

Leta 2010 sem preučeval vpliv usposabljanja osebja za fizično posredovanje ob vzporedni uporabi strategij preusmerjanja, razpršitve in zmanjševanja vznemirjenja (Cotton 2010), in ugotovil sem, da usposabljanje v večini primerov privede do manjšega števila vedenjskih incidentov. Ob tem je treba poudariti, da krizno vedenje sprožijo čustva, in naš namen je, da ta čustva uravnavamo, ne pa potlačimo. Če se drugače izrazim nič ni narobe, če se oseba tako počuti.

Ko razmišljamo o fizičnem posredovanju, je pomembno razumeti, da je ta tehnika, če je ne spremljajo drugi ukrepi, zgolj sredstvo za kontroliranje posameznikov. Brez učenja po incidentu lahko s fizičnim posredovanjem zgolj obvladamo vedenje drugih, ne moremo pa jih naučiti, kako naj sami obvladajo svoje vedenje. V nekaterih primerih ima lahko fizično posredovanje nasproten učinek in poveča tveganje za nevarne oblike vedenja, posebno če se otroci in mladostniki naučijo, da se lahko izpostavijo nevarnosti, ker bo osebje poseglo vmes in poskrbelo za njihovo varnost.

Faza depresivnosti

Po fazi kriznega vedenja lahko posamezniki v depresivni fazi zlahka zanihajo nazaj v krizno vedenje, če ne prejmejo primerne podpore, ko faza krize mine. Posamezniki so lahko v stanju šoka, zanikanja, ali niso v stiku s svojimi čustvi, zato se včasih obnašajo, kot da se ni nič zgodilo, včasih pa občutijo jezo ali krivdo. Če odraslemu ni znano, da je posameznik izražal krizno vedenje, lahko depresivno vedenje zmotno razume kot stopnjujoče vedenje. Pomembno je opozoriti, da vedenjske strategije za pomoč med fazo stopnjevanja niso vedno učinkovita oblika podpore med fazo depresivnosti. Dotik je na primer lahko učinkovit med fazo stopnjevanja, v fazi depresivnosti pa lahko

67

posameznika potisne nazaj v fazo kriznega vedenja. Lahko pa je dotik učinkovit v fazi depresivnosti, v fazi stopnjevanja pa lahko posameznika potisne v fazo kriznega vedenja.

Ključ do razumevanja, kako se oseba obnaša v posameznih fazah, je v dobrem poznavanju te osebe. Razvijanje pozitivnih odnosov s posamezniki lahko močno pripomore k sposobnosti ugotavljanja, v kateri fazi spektra agresije se nahajajo in s katerimi podpornimi strategijami jim lahko pomagamo. Kadar sem nervozen, premikam noge sem in tja; nič mi ne pomaga, če mi kdo reče, naj držim noge pri miru (kot vemo, je to osredotočanje na vedenje), in če mi to prevečkrat reče, se lahko zgodi, da se bom vrnil v fazo stopnjevanja.

V območju vznemirjenja je racionalno mišljenje oslabljeno. Racionalno mišljenje oz. razum nam pomaga razumeti in reševati probleme. Težava z racionalnim mišljenjem je, da običajno temelji na naših osebnih izkušnjah; to so tako imenovani spoznavni predsodki. V svojem življenju iz okolice dobimo veliko informacij, ki so lahko koristne ali nekoristne. Dober primer je Facebook. Srečal sem veliko predšolskih vzgojiteljev, ki so prepričani, da ne smejo peti otroške pesmice »Baa Baa black Sheep« (bee, bee, črna ovca), ker naj bi bila rasistična. Zato delavci v vrtcih po vsem Združenem kraljestvu pojejo »bee, bee, mavrična ovca«, kar pa bi si lahko razlagali kot homofobično besedilo. Težava je v tem, da je racionalno mišljenje nezanesljivo (Tversky in Kahneman 1989), zato je pomembno, da odločitve in načrte vedenjske podpore sprejema in pripravlja več ljudi skupaj.

Zaradi spoznavnih predsodkov se lahko učitelji hitro ujamejo v past in delajo, kot se jim zdi najbolje, četudi z dobrimi nameni. Načrt zagotavlja dosleden pristop, posebno če je naravnan na otroka in vključuje ključne osebe v otrokovem življenju. Obrazec »Moj načrt« v Prilogi 1 je preprost vedenjski načrt, ki sem ga izdelal za odkrivanje nekaterih ključnih področij vedenja in najboljše podpore za posameznika. Dober vedenjski načrt mora vsebovati razlago, kako se posameznik obnaša v določenih fazah agresije, ter predlagati možne strategije, ki jih učenec lahko uporablja, ko se nahaja v spektru vznemirjenja, in ideje, kako mu lahko osebje najbolje pomaga. Dober vedenjski načrt mora poleg tega navajati, kaj je posamezniku všeč, vsebovati seznam običajnih strategij zmanjševanja vznemirjenja in podatke o tem, kako mu najbolje pomagati po incidentu. Pomembno je, da otrok sodeluje pri pripravi načrta, če je le mogoče.

Sledi opis tehnik zmanjševanja vznemirjenja v obrazcu »Moj načrt«. Uspešnost tehnik za zmanjševanje vznemirjenja je pogosto odvisna od osebe, ki tehnike uporablja, in od odnosa, ki ga ima s posameznikom.

Svetovanje in podpora

Svetovanje in podpora sta veliko več kot izgovarjanje besed. Glavna dejavnika, ki prispevata k uspešnosti te strategije, sta pogovor brez obsojanja in pozitivna telesna govorica.

Spoštovanje osebnega prostora

Osebni prostor je območje, ki nas obdaja in ga dojemamo kot svoj prostor. Lahko ga opišemo tudi kot mehurček. Osebni prostor se razlikuje od posameznika do posameznika in je odvisen od številnih dejavnikov, med drugim od osebnih izkušenj. Med dejavniki, ki vplivajo na to, koliko se lahko osebi fizično približamo, so starost, spol, rasa, višina in kultura. Ko gre za osebni prostor, je treba upoštevati predvsem odnos, ki ga imamo z osebo, in kakšno vlogo igramo v čustvenem stanju osebe. Ljudje, ki imajo dober odnos, se lahko bolj približajo drug drugemu brez nelagodja, posamezniki v spektru vznemirjenja pa imajo praviloma potencirana čustva, zato potrebujejo več prostora kot sicer. Vdor v njihov osebni prostor vas lahko spravi v težave.

70

Opogumljanje

Opogumljanje je veliko več od zatrjevanja, da bo vse v redu; z opogumljanjem naj bi predvsem prepričali posameznika, da bo vse v redu z njim, tako da preženemo njegove dvome ali strahove. Tudi ko uporabljamo opogumljanje kot tehniko zmanjševanja vznemirjenja, je treba razmisliti o tonu glasu in telesni govorici.

Vnaprej pripravljeni scenariji

Razširjena in učinkovita tehnika za zmanjševanje vznemirjenja so scenariji, ki vsebujejo vnaprej pripravljene odgovore oziroma verbalne odzive. Če pokličemo center za obveščanje, je oseba na drugi strani zelo mirna. Operaterji morajo opraviti poglobljeno izobraževanje iz komunikacijskih spretnosti in uporabe scenarijev. Scenarije (oziroma t.i. skripte) pogosto uporabljajo tudi klicni centri in centri za pomoč uporabnikom. Na božični večer leta 1999 sem kupil babici vazo (to me bo izučilo), in po prihodu domov sem med zavijanjem daril opazil, da je vaza poškodovana. Ker je bila vaza za mojo babico, ki jo imam zelo rad, sem se odpeljal nazaj v trgovino, da bi jo zamenjal. Na božični večer je promet v Sheffieldu obupen, zato je trajalo eno uro, da sem prevozil približno 8 kilometrov. Ob prihodu v trgovino sem bil že strašno jezen in razdražen, zato sem prodajalki

71

rekel, da se mi zdi nezaslišano, da moram na božični večer zapravljati čas z vračanjem nakupa. Prodajalka je odgovorila: »Popolnoma prav imate, takoj boste dobili drugo vazo.« Ko se je prodajalka vrnila, je pripomnila, kako lepo vazo sem izbral, in me vprašala, če želim še eno vrečko (v tistih časih so bile še zastonj). Zadovoljen sem odšel iz trgovine, kmalu zatem pa sem se zavedel, v kako kratkem času je mojo jezo zamenjalo zadovoljstvo. Ker delam z mladimi ljudmi s socializacijskimi, čustvenimi in vedenjskimi težavami, sem hotel izvedeti, kako me je prodajalka lahko tako hitro pomirila, zato sem se vrnil k pultu za pomoč strankam in jo vprašal, kako ji je to uspelo. Na moje presenečenje mi je prodajalka pojasnila, da gre samo za skripto, ki jo uporabljajo za vse stranke. To me je ponovno razjezilo, obenem pa sem ugotovil, da bi strategijo mogoče lahko uporabil pri mladih, s katerimi delam. Ko sem se vrnil v službo, sem imel opravek z jeznim otrokom, ki mi je povedal, da sovraži šolo. »Prav imaš, takoj boš dobil drugo,« sem mu odvrnil. Iz tega seveda ni bilo nič, sem pa kljub temu začel razmišljati o moči scenarijev. Spisek vnaprej pripravljenih, pozitivnih besed lahko osebju pomaga nuditi oporo otrokom v težkih situacijah.

Pogajanje

Pogajanje, ki prinese korist vsem vpletenim, je lahko zelo učinkovit pripomoček za umirjanje napetega položaja. Pri takem pogajanju so vsi udeleženci zadovoljni z izidom, kar pomaga ohranjati pozitivne odnose po incidentu. Pogajanje je lahko zahtevna metoda za umiritev situacije, če je posameznik visoko na krivulji vznemirjenja.

Omejena izbira

Neomejena izbira pogosto vodi k nezaželenemu vedenju učencev. Na primer, če damo otroku na izbiro, da lahko nadaljuje z delom ali odide iz učilnice, večina učiteljev ne bo zadovoljna, če se učenec odloči za drugo možnost. Omejena izbira pomeni, da damo posamezniku na voljo samo dve ali tri možnosti, in sicer zgolj take, s katerimi bomo zadovoljni. Izbiro med možnostmi lahko obrnemo v svoj prid in z njo dosežemo, da bo otrok naredil, kar želimo. Zelo majhni otroci pogosto izberejo zadnjo možnost, ki jo predlagamo. Pri tem je ključno, da damo na izbiro dve možnosti, ki imata obe pozitiven izid. Če na primer otrok noče narediti določene naloge, ga lahko vprašamo, ali bi raje dokončal nalogo čez nekaj minut ali zdaj. Osebno bi raje dal na voljo ti dve možnosti, kot pa, da lahko nalogo konča zdaj ali po pouku. Otroci in mladostniki pogosto kažejo negativno vedenje, ker ne znajo drugače ravnati. Omogočanje izbire pomaga naučiti otroka, da obstajajo boljši načini. Če želimo povečati verjetnost, da bo otrok izbral nam ljubšo možnost, ga lahko zamotimo, medtem ko mu predstavljamo možnosti. Če na mizo položim rdeče in modro pisalo in otroka prosim, naj vzame rdeče ali modro pisalo, je nekoliko bolj verjetno, da bo izbral modro pisalo, ker sem ga omenil nazadnje. Če pa bi ga prosil, naj vzame rdeče ali modro pisalo, in ga nato zamotil, se verjetnost, da bo izbral modro pisalo, zelo poveča. Ta metoda seveda ne upošteva nekaterih drugih dejavnikov. Če stanuješ v Sheffieldu, je izbrana barva pisala odvisna od tega, ali navijaš za nogometno moštvo Sheffield United ali Sheffield Wednesday; nisem še doživel, da bi navijač za Sheffield United posegel po modrem pisalu, ampak je vsaj izbral enega.

Humor

Humor je lahko odlična tehnika zmanjševanja vznemirjenja, s katero otroke sprostimo in razvijamo pozitivne odnose, vendar jo je treba uporabljati previdno. Humor je pogosto blizu sarkazmu, toda humor zahteva spretnost in lahko umiri položaj, medtem ko sarkazem zahteva le malo spretnosti in pogosto zaostruje napetost. Humor je lahko zelo uporabna proaktivna tehnika

74

uravnavanja vedenja in sodi med pet lastnosti, ki so otrokom najbolj všeč pri učitelju.

Načrtno ignoriranje

Načrtno ignoriranje pomeni, da se ne zmenimo za manj moteče vedenje. Če želimo, da se ogenj razplamti, moramo povečati dovod kisika, in podobno, če je namen negativnega vedenja pritegniti pozornost, lahko s pozornostjo vedenje dodatno podžgemo. Čeprav je načrtno ignoriranje lahko učinkovito in ne zahteva posebnega načrtovanja, ga ne smemo uporabljati kot izgovor za neukrepanje.

Čas za premislek

Če otrok vrže pisalo na tla, mu lahko rečemo »poberi pisalo«, stojimo ob njem in počakamo, da ga pobere, toda mogoče se bomo kar načakali ali pa otrok sploh ne bo pobral pisala in se bomo osramotili pred celim razredom. Bistvo je, da ljudje potrebujemo čas za premislek. Čas za premislek otroku omogoča, da oceni situacijo in pride do lastnega sklepa. Odrasli, ki otroku da čas za premislek, bo rekel »poberi pisalo, hvala« in nato nadaljeval s tem, kar je počel. Mogoče bo otrok potreboval nekaj časa, preden bo pobral pisalo, toda ko ga pobere, naj učitelj pokaže, da je to opazil; zadostuje lahko že besedica »hvala«. Čas za premislek je lahko še učinkovitejši, če ga uporabimo skupaj z metodo omejene izbire, na primer, če rečemo »boš pobrala pisalo čez nekaj minut ali zdaj?«. »Hvala!«

Prekinitveno obdobje (time-out)/time-in

Prekinitveno obdobje (*time-out*) je metoda, ki ima več oblik in ljudje jo opisujejo na različne načine, od tega, da otroka posadimo na »poredno stopnico«, do tega, da ga osamimo proti njegovi volji (za kar so običajno potrebna zakonska pooblastila). Zame prekinitveno obdobje pomeni odstranitev pozitivne podkrepitve, ki spodbuja neželeno vedenje, ne smemo pa prekinitve uporabljati kot kazen. Siegal in Bryson (2014) razlagata, da prekinitveno obdobje lahko povzroči otroku nevrobiološke poškodbe. Idealno bi bilo, če bi si otroci sami vzeli odmor in si s tem dali priložnost za samoregulacijo. Omenil sem že, da ima otrok potrebo po varni navezanosti, zato prekinitvena obdobja ne pomagajo pri učenju primernega vedenja, razen če jih spremlja učenju in podpora po incidentu (*PILS, Post Incident Learning and Support*), kar je v angleščini znano kot *time-in*.

Spodbuden dotik

Spodbuden dotik je treba pazljivo uporabljati, gre pa za zelo močno tehniko uravnavanja vedenja, posebno če se uporablja v okviru pedagogike. V večini kultur velja za primerno, če se človeka dotaknemo med ramenom in komolcem. Z dotikom lahko potrdimo, da smo opazili želeno vedenje, ali usmerimo otroka, ki je raztresen. Pri dotikanju je treba upoštevati razliko med lahnim pritiskom in močnejšim pritiskom. Lahen pritisk je stimulativen, močnejši pritisk pa zmanjša krvni pritisk in sprošča. Če želimo uporabiti spodbuden dotik, moramo dobro vedeti, v katerem območju spektra vznemirjenja je posameznik. Spodbuden dotik se lahko dobro obnese v depresivni fazi, v fazi stopnjevanja pa včasih dodatno stopnjuje vedenje. Pri uporabi spodbudnega dotika je ključnega pomena, kakšen odnos imamo s posamezniki, za katere uporabljamo tehniko dotika.

Zamenjava odraslih/osebja

Agresivnost je pogosto usmerjena v prvo osebo na kraju dogodka, zato lahko zelo učinkovito umirimo situacijo, če dovolimo drugi odrasli osebi, da prevzame nadzor nad potencialno agresivnim položajem. Delavci ne smejo dojemati zamenjave osebja kot pomanjkljivost lastnih tehnik za zmanjševanje vznemirjenja, saj se lahko hitro znajdejo v nasprotni vlogi. Pri zamenjavi osebja je pomembno, da delavec, ki je zapustil kraj dogodka, ponovno vzpostavi odnos z otrokom, ki je bil vpleten v dogodek. Prav tako je pomembno, da pristop ni hierarhičen in da ga ne uporabljamo prepogosto; če redno kličemo nekoga na višjem položaju, lahko s tem sporočamo, da vedenju nismo kos. Dobro je tudi, da osebje sestavi »tajni« scenarij za zamenjavo osebja v različnih situacijah. Obiskal sem veliko ustanov, v katerih so imeli zelo domiselne scenarije, na primer »Nekdo vas kliče po telefonu« in »Greste lahko na hitro preverit malico, prosim?«. Stavek »Nekdo vas kliče po telefonu« je v tem primeru pomenil, da lahko oseba, vpletena v situacijo, odgovori »V redu je, bom poklicala nazaj«, medtem ko je stavek »Greste lahko preverit malico, prosim?« pomenil, da bo govorec prevzel nadzor nad situacijo. Tak scenarij je prišel v poštev, kadar je oseba, ki je posegla v dogajanje, bolje poznala situacijo kot oseba, ki se je spopadala z njo, ali pa se ta oseba ni zavedala, da uporablja negativne strategije. Čeprav se mi je zdel scenarij rahlo komičen, se je v tej ustanovi po vsem sodeč dobro obnesel. Naj bo scenarij tak ali drugačen, osebju mora biti jasen in naj bo sestavni del pravilnika ustanove.

Spominjanje na uspeh

Ko posameznika spomnimo na uspeh, je pomembno, da pri tem ne pretiravamo ali zvenimo zlagano. Spominjanje na uspeh mora biti subtilno, ker bo rezultat negativen, če posameznik meni, da uporabljate strategijo za odvračanje negativnega vedenja.

Poslušanje

Aktivno poslušanje pomeni, da se zavestno trudimo poslušati, vendar poslušati ni isto kot slišati. Ko sem imel osemnajst let, sem delal za točilnim pultom, in nekega sobotnega popoldneva je vstopila ženska in postavila vrečko z nakupljenimi stvarmi na pult. Denarnico je imela na dnu vrečke, zato je izpraznila vso vsebino na pult, da bi jo izbrskala, in med kupljenimi izdelki sem opazil dva sveža marmeladna kolačka. Stranka je našla denarnico, vzela ven bankovec in me nato prosila za drobiž za juke-box. Iz blagajne sem vzel nekaj kovancev, se vrnil in še enkrat hrepeneče pogledal kolačke. Ženska me je vprašala »Ali je juke-box prižgan?«, jaz pa sem mislil, da je rekla »Boste kolaček?«, na kar sem odgovoril »Z veseljem«, vzel zavojček, ga odprl in veselo zagriznil v slastno pecivo. Šele ko sem pojedel pol kolačka, sem se zavedel, da mi ga sploh ni ponudila.

Pri poslušanju gre za to, da nekomu posvečamo pozornost, poskušamo razumeti rečeno in obenem poskušamo razumeti neizrečeno. To pomeni, da beremo telesno govorico sogovornika in poslušamo ton in intonacijo njegovega govora. »V REDU SEM!!« s stisnjenimi pestmi pomeni nekaj drugega kot »V redu sem« v umirjenem, obvladanem tonu. Dobri poslušalci imajo zelo visoko raven samozavedanja in se dobro zavedajo lastne telesne govorice. Pozitivna telesna govorica med poslušanjem vključuje zrcaljenje telesne govorice, kimanje, neverbalno oglašanje in odprto telesno držo.

Druga zelo učinkovita tehnika, ki jo uporabljajo dobri poslušalci, je parafraziranje. Parafrazirati pomeni, da poslušalec z drugimi besedami ponovi, kar je sogovornik povedal, in tako preveri točnost ter omogoči razmislek. Potem, ko sogovornik pove do konca, lahko preverimo glavne točke celotnega pogovora, kar je odlična pot do večje jasnosti za oba sogovornika. Temu pa rečemo povzemanje.

Odstranitev občinstva

Potencialno problematični položaj občinstvo pogosto zaostri že samo s svojo neposredno bližino; občinstvo je včasih del problema in ne rešitve. Vzemimo za primer pretep. Da se učenci

80

pretepajo, pogosto opazimo zato, ker se jih na šolskem dvorišču zbere cela gruča. Kaj bi se zgodilo, če bi se gruča razšla in bi pretepači ostali sami? Najbrž bi bilo pretepa hitro konec.

Opravičilo

Opravičilo kot način zmanjševanja vznemirjenja ne pomeni, da zahtevamo od otroka, naj se opraviči. Če poskuša osebje otroke prisiliti v opravičilo, je včasih edini rezultat, da otrok reče »OPROSTI!!« na način, ki nikakor ne izraža obžalovanja. Na to se osebje velikokrat odzove z besedami, kot so »Ne tako!« ali »Povej, kot da resno misliš!«. V nekaterih primerih iz tega nastane cel cirkus in osebje se včasih bolj osredotoča na opravičilo kot na vedenje, zaradi katerega se je vse skupaj začelo. Druga težava z opravičilom je, da opravičilu odraslega človeka pogosto sledi besedica »ampak«, s čimer poskuša upravičiti svoje vedenje. Namesto, da bi se samo opravičili, rečemo: »Oprosti, ker sem zavpil nate, ampak ne bi se smel tako obnašati!«. Ker vemo, da se otroci učijo vedenja tudi s posnemanjem odraslih, moramo vzgajati z lastnim zgledom, če želimo, da se otroci primerno opravičijo. Prav tako je pomembno, da otroke naučimo, kaj pomeni beseda oprosti, namesto da to postane zgolj besedica, ki jo moraš izustiti, potem ko narediš nekaj narobe.

Telesna govorica

Približno 7 do 15 odstotkov človekovega sporočanja sestavljajo besede; preostanek sporočila kažemo s telesno govorico, tonom in načinom sporočanja. Govorica telesa je pozitivna, kadar imamo sproščeno telesno držo in gestikuliramo z rokami, ne da bi pri tem izpadli, kot da plešemo v Ambasadi Gavioli. Ljudje se lažje sprostijo, če je naša drža odprta in nekoliko postrani. Naša telesna govorica razkriva, kako čutimo do drugih ljudi. Če recimo držimo komolec z eno roko, medtem ko z drugo roko podpiramo brado, naš telesni položaj lahko pomeni, da nas nekaj skrbi. Če stojimo z rokami uprtimi v bok, to lahko pomeni pripravljenost na agresivnost. V devetdesetih letih so vratarji v nočnih klubih stali s prekrižanimi rokami, razkoračeni in obrnjeni naravnost proti obiskovalcem, ki so vstopali. Tak telesni položaj je skoraj klical po spopadu. Po izobraževanju so vratarji stali pri vhodu obrnjeni nekoliko vstran in pozdravljali goste, ki so vstopali. Zaradi spremenjenega telesnega položaja vratarjev se ni le povečala obiskanost klubov, ker so se gostje počutili bolj dobrodošli, pač pa se je tudi zmanjšalo število primerov agresivnega vedenja. Telesna govorica je lahko koristen pripomoček za uravnavanje vedenja v učilnici. Na primer, ko se učenci umirijo in posvetijo nalogi, lahko stanje na prstih in gledanje po sobi z iztegnjenim prstom učitelju pomaga vzdrževati pozitivno okolje. Prav tako ima lahko močan učinek že to, da dvignemo brado in pogledamo učence. Seveda omenjeni tehniki nista za vsakogar in mogoče bi se nekateri učitelji pri tem počutili nelagodno, toda telesna govorica ima veliko moč in je ne smemo podcenjevati. Raziskave kažejo, da naša telesna govorica ne vpliva le na to, kako nas drugi vidijo, ampak tudi na to, kako vidimo sami sebe. Dokazano je, da z redno vadbo odprte, samozavestne telesne govorice slej ko prej zares postanemo bolj odprti in samozavestni. S to tehniko se lahko pretvarjamo, da smo samozavestni, tudi kadar nismo, in če se vztrajno pretvarjamo, da smo samozavestni, se zna zgoditi, da bomo res postali taki.

Empatija

Ena najučinkovitejših tehnik za uravnavanje vedenja in zmanjševanje vznemirjenja je empatija. Če se otrok razjezi, ker se mu je drugi otrok spačil, je lahko izredno učinkovito, če se ne zmenimo za sprožilec in otroka obravnavamo tako, kakor bi obravnavali vsakega drugega človeka, ki se razjezi. Otrokom prepogosto rečemo »Ne zmeni se zanj« ali »Ne izmišljuj si«. Samo zato, ker se vi ne bi razjezili, če se vam kdo spači, še ne pomeni, da otrokova čustva nimajo veljave. Verjetno ne jokate, kadar ste lačni ali vas zazebe, dojenček pa se. Razumeti moramo, da je jezen posameznik pač jezen in v tistem trenutku je sprožilec skoraj nepomemben; posameznik potrebuje to, kar vsi potrebujemo, kadar smo jezni, in to največkrat je empatija. Uporabljanje empatije ima poleg tega, da je odlična tehnika za zmanjševanje vznemirjenja, še številne druge koristi. Empatija lahko poveča vzdržljivost, ker krepi povezave čelnih režnjev s preostalimi možgani, kar zmanjša verjetnost, da se aktivira amigdala (ki je del limbičnega predela možganov). Ko se vključi amigdala, se predeli možganov, ki sodelujejo pri višjih funkcijah, izključijo, kar pogosto sproži reakcijo »boj ali beg«.

Tako kot pri vseh tehnikah za zmanjševanje vznemirjenja, je uspeh odvisen od osebe, ki jo uporablja, od osebe, na katero je naravnana, in od odnosa med obema. Drugi dejavnik, ki ga je treba upoštevati pri uporabi tehnik za zmanjševanja vznemirjenja, je stopnja vznemirjenja posameznika. Omenjene tehnike za zmanjševanje vznemirjenja so na splošno reaktivne, to se pravi, da se na vedenje odzovemo z reakcijo, ki naj bi bila v pomoč.

Učenje in podpora po incidentu (PILS)

Izjemno pomembno je, da se iz napak učimo, toda to ni vedno najbolj enostavno. V letu 1978 je bilo sedemnajst mladostnikov vključenih v program »z zastraševanjem do poštenja«. Vsi so zagrešili različna kazniva dejanja, od preprodaje drog do ropa, in namen programa je bil, da jih z ustrahovanjem prepričajo za pošteno življenje. Tri ure so morali preživeti v strogo varovanem zaporu, kjer so nanje vpili in jih verbalno zlorabljali zaporniki in pazniki. V zaporu so poslušali zapornike, ki so jim govorili, da jih bodo posilili in jim izbili vse zobe. Nekateri zaporniki so pripovedovali, da obžalujejo vsak dan, ki so ga prebili v zaporu, in da imajo mladostniki še čas, da spremenijo svoje življenje in se spravijo v red. Na poti domov iz zapora so se mladostniki pogovarjali o načrtih, da bodo opustili kriminal in začeli pošteno delati in nekateri so res našli dobro službo, se poročili in živeli srečno do konca svojih dni. Program so prevzele še druge države in doživel je velik uspeh. – Ali res?

Naključna kontrolna študija, ki jo je opravil James Finckenauer, je nesporno pokazala, da program »z zastraševanjem do poštenja« ni bil uspešen. Še več, Finckenauer je ugotovil, da program dejansko poveča verjetnost, da bodo mladostniki zagrešili kaznivo dejanje, in izpodbil prejšnje študije, ker so preučevale samo to, kaj se je zgodilo z mladostniki, ki so opravili program, niso pa zajele drugih mladostnikov. Zagovorniki programa kljub temu, da so bili seznanjeni z novimi in trdnimi dokazi, niso hoteli verjeti niti priznati možnosti, da program, ki so ga aktivno podpirali in verjeli vanj, ne bi bil učinkovit.

Matthew Syed je v svoji enkratni knjigi *Black Box Thinking* raziskoval razlike med eno najnevarnejših storitev na svetu (zdravstvo) in eno najvarnejših storitev na svetu (letalski prevoz). Syed meni, da je poglavitna razlika med storitvama ta, da se v eni vedno učijo iz napak, v drugi pa le redko. Če pilot naredi napako, mu dajo na razpolago določen čas, da napako prizna, in pogosto mu čestitajo, ker lahko letalski prevoznik nato uvede sistem, s katerim poskrbi, da se napaka ne bo ponovila. Zato je letalski prevoz najvarnejša storitev na svetu. Za razliko od tega se v zdravstvu in tudi v mnogih drugih dejavnostih, napake stigmatizirajo in posamezniki so pogosto kaznovani. Napake dojemamo kot negativne, zato se izoblikuje kultura, v kateri napake raje pometamo pod preprogo, kakor da bi informirali o njih. Kadar o napaki ne dajemo informacij, je edina oseba, ki se iz nje lahko kaj nauči tista, ki jo je naredila. S širjenjem informacij o napaki pa bi lahko poskrbeli, da ne bo nihče drug ponovil iste napake. Opažam, de se majhni otroci ne obremenjujejo, če delajo napake, ko odrastejo, pa jim ni več vseeno. Menim, da njihovih napak ne bi smeli stigmatizirati, če jih hočemo naučiti družbeno bolj sprejemljivega vedenja, pač pa jih moramo izkoristiti kot priložnosti za učenje.

Včasih otroke učimo vedenja na zelo zanimive in domiselne načine, kakršnih ne bi nikoli uporabili pri poučevanju drugih predmetov. Predstavljajte si rezultat, če bi otroka pred celim razredom na semaforju prestavili z zelene luči na rumeno ali če bi njegovo ime prestavili s sončka na oblak samo zato, ker je dobil najslabšo oceno na preizkusu znanja iz matematike. Predstavljajte si rezultat, če bi otroka posadili na »stol za razmislek« ali zavpili nanj, ker se je zmotil pri črkovanju besede. Gotovo se vsi strinjamo, da bi bil tak pristop neupravičen in da otroka ne bi spodbudil, da se bo naslednjič bolj potrudil. Zakaj torej včasih poskušamo učiti vedenje na tak način? Te in podobne strategije bi imele močan negativen vpliv na otrokovo matematično znanje in spretnost črkovanja take metode lahko mladim ljudem za vse življenje priskutijo črkovanje in matematiko.

V neki raziskavi sem z dvajsetimi učenci iz različnih šol opravil intervju, v katerem sem jih vprašal, kako jih učitelji učijo obvladovati vedenje. Mnogi učenci so govorili o posledicah in kaznih za vedenje. Med drugim so omenjali stanje na hodniku pred učilnico do konca ure; kaznovanje, če naredijo kaj narobe;

vpitje in skrajševanje časa za prosto igro. Otroke sem nato vprašal, kako jih po njihovem mnenju te posledice učijo obvladovati njihovo vedenje. Ena od učenk je odvrnila, da »učitelji mislijo, da zaradi kazni ne bomo ponovili, kar smo narobe naredili, ampak se motijo«. Čeprav so nekateri od intervjuvanih učencev povedali, da so jim učitelji, če so »naredili kaj narobe«, rekli, »naj tega ne ponovijo«, nobeden od njih ni poznal postopkov za poslušanje in učenje po incidentu. Poleg tega skoraj nobeden ni znal odgovoriti na vprašanje, kako jih šolsko osebje uči obvladovati njihovo vedenje. Nekateri učenci so povedali, da »jim učitelj pogosto prisluhne, kadar se želijo s kom pogovoriti po incidentu«, toda osemnajst učencev od dvajsetih, s katerimi sem imel intervju, mi je pojasnilo, da »večine učiteljev to ne zanima«, ali da »jih ne znajo naučiti, kako obvladati svoje vedenje«.

Leta 2005 sta Infantino in Little preučevala, kako učenci dojemajo težave z vedenjem pri pouku in učinkovitost različnih disciplinskih metod in spodbud. Raziskava je pokazala, da je vedenje mogoče izboljšati, če učitelji učence poučijo o tem, kakšno vedenje se pričakuje od njih.

Logične posledice

Naša prednostna naloga mora biti učiti otroke, kako obvladati svoje vedenje, namesto da jih poskušamo obvladovati s strahom. Kako torej vzgajati otroke, da bodo znali obvladati svoje vedenje? Dreikurs in Grey (1993) sta pisala o naravnih in logičnih posledicah kot učinkoviti metodi vedenjske vzgoje.

Naravna posledica nastane kot rezultat izraženega vedenja. Na primer, če otrok noče nositi rokavic v snegu, ga bo zeblo v roke. Take naravne posledice omogočajo otrokom, da izkusijo neprijetne posledice svojega vedenja, v našem primeru mrzle roke. Nekatere naravne posledice moramo seveda preprečiti: če bi otrok stal sredi ceste in bi proti njemu vozil avto, je jasno, da ne bi dovolili, da ga avto povozi, in upali, da se bo otrok kaj naučil iz tega. Kadar pustimo, da se naravne posledice zgodijo, mora osebje najprej upoštevati dva glavna dejavnika. Najprej je treba pomisliti na tveganje. Res je, da je treba v takem primeru tveganje sprejeti, vendar moramo hkrati izpolniti svojo dolžnost in poskrbeti za varnost otrok. »Dobrobit otroka je najpomembnejša«, če citiram Zakon o otrocih iz leta 1989, toda upoštevati je treba tudi negativne posledice, če otroku ne dovolimo delati napak. Drugi dejavnik, ki ga je treba upoštevati, kadar pustimo, da se zgodijo naravne posledice, je zaželeni izid za posameznika. Otrok z motnjami na področju senzorike mogoče uživa v občutku mrzlih rok, zato je odklanjanje rokavic v snegu lahko njegov način zadovoljevanja njegovih potreb.

Učinkovitost posledic in kazni

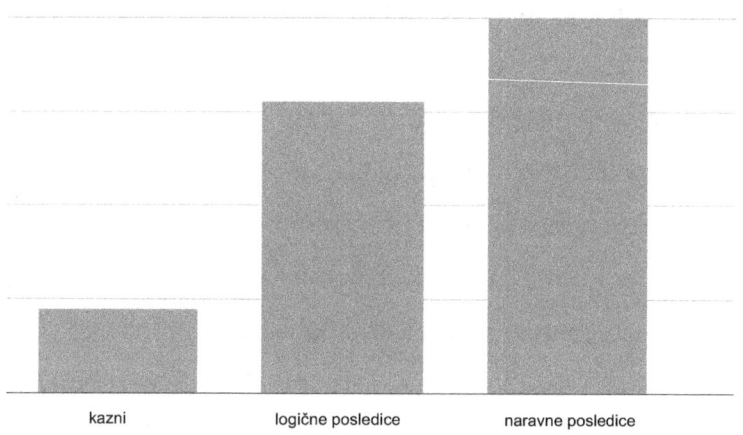

Ta graf kaže učinkovitost naravnih posledic, logičnih posledic in kazni. Dokazano je, da je vzgajanje otrok in mladostnikov s pomočjo posledic učinkovitejše od kaznovanja (Cotton 2010b). Tako stališče podpira Smith (2005), ki je raziskoval vpliv šolskega pripora, med katerim so učenci reševali naloge za izboljšanje znanja. V svoji študiji (Smith 2004) je ugotovil, da ta kazen ni izboljšala vedenja, ker ni bila smiselno povezana z izraženim vedenjem, zaradi katerega so bili posamezniki kaznovani.

Logične posledice, ki jih odrasli načrtujejo za določene oblike vedenja, morajo imeti logično povezavo z izraženim vedenjem in biti sorazmerne s prekrškom. Če otrok, na primer, riše po klopi, lahko klop pobriše; če pride v konflikt s sošolci, pa lahko vpleteni učenci sodelujejo v procesu reševanja konflikta. Pri logičnih posledicah je pomembno predvsem to, da so učinkovite le, če jih spremlja podpora. Če spet vzamem za primer otroka, ki riše po klopi, bi bila zahteva, da sam pobriše klop, logična posledica. Če pa bi otroku rekli, naj očisti klop v času za igro, bi bila to bolj kazen kot posledica, saj bi mu čas za igro odvzeli z namenom, da se zaradi tega, kar je naredil, slabo počuti. Če logične posledice pospremimo s kaznijo, lahko močno oslabimo učinkovitost strategije.

Ob logičnih posledicah se nekaj naučimo iz vedenja, ki smo ga izrazili, ne glede na to, ali gre za vedenje, ki velja za negativno ali pozitivno. Ko sem prvič odkril učinkovitost logičnih posledic, sem poskušal sestaviti seznam logičnih posledic, ki bi sledile posameznim oblikam vedenja. Medtem ko mi je bilo jasno, da je logična posledica, če zahtevam, naj učenec pobere barvice, ki jih je vrgel na tla, mi niso bile tako jasne logične posledice, kadar je koga udaril. Zaradi logičnih posledic naj bi se iz izraženega vedenja nekaj naučili, zato sta pogovor s posameznikom po incidentu in podpora že sama po sebi logična posledica pri skoraj vseh oblikah vedenja.

Leta 1986 je Brophy predlagal, da bi morala biti del učinkovitega disciplinskega programa svetovalna služba, ker je domneval, da učencem manjkata uvid in razumevanje lastnega vedenja. Brophy je poudarjal, da se pojavljajo dobri rezultati, kadar se z učenci pogovarjamo in jih opazujemo, ker tako lahko ugotovimo, koliko se zavedajo svojega vedenja in kaj jim pomeni. Raziskava je poleg tega pokazala, da učitelji, ki posvečajo veliko pozornosti ustvarjanju učinkovitega učnega okolja, porabijo manj časa za odzivanje na vedenjske težave in so pogosto uspešnejši od učiteljev, ki poudarjajo svojo disciplinsko vlogo.

Potencialni težavi pri zagotavljanju svetovalne službe za otroke in mladostnike sta čas in usposabljanje. Leta 2003 je Doyle pojasnil, da je lahko oseba še tako sočutna, pa bo težko dosegla pozitiven učinek, če ni opravila usposabljanja za učenje in podporo po incidentu. Toda zelo strukturirani pogovori so včasih prisiljeni in nefleksibilni in niso vselej uspešni (Doyle 2003). Zato menim, da bi moralo šolsko osebje v ustanovah, ki zaradi logističnih problemov ne morejo zaposliti več usposobljenih svetovalcev, opraviti izobraževanje iz zelo preprostih tehnik, ki temeljijo na metodah podpore po incidentu, kot je recimo intervju v življenjskem prostoru (*LSI, Life Space Interview*), ki ga je razvil Redl (1960). Izraz »življenjski prostor« se nanaša na območje skupnih življenjskih izkušenj med otrokom in odraslim, pogosto tudi z drugimi otroki. Intervju je leta 1960 sestavil Fritz Redl; njegov namen je bil spreminjati vedenjske vzorce učencev z razreševanjem konfliktov, kar naj bi učencem pomagalo prepoznati temeljna čustva, ki so sprožila določeno vedenje. Intervju je bil zasnovan za to, da bi pomagal posameznikom čutiti, razmišljati in se obnašati na način, ki je bolj družbeno sprejemljiv. Med tem procesom učitelj raziskuje stališča učenca. Učitelj opiše svoja stališča in išče povezave z drugimi dogodki. Nato učenca spodbudi, naj razmisli o alternativnih strategijah in naredi načrt, kako bi jih uporabil v praksi, preden ga vključi nazaj v redni pouk.

V času, ko sem delal z otroki in mladostniki s socializacijskimi, čustvenimi in vedenjskimi težavami, sem opravil veliko intervjujev v življenjskem prostoru. Čeprav se je izkazalo, da je to učinkovit način vzgajanja mladih ljudi, kako naj obvladajo svoje vedenje, in je prinesel zmanjšanje števila incidentov med otroki in mladostniki, je bil proces izredno dolgotrajen in težko izvedljiv in je zahteval poglobljeno usposabljanje (Cotton in Sellman 2004). Leta 1991 sta Wood in Long nadgradila Redlov

93

intervju in oblikovala krizno intervenco v življenjskem prostoru (*LSCI, Life Space Crisis Intervention*). *LSCI* obravnava nastale krizne situacije kot priložnosti za učenje, ki poteka v šestih zaporednih korakih:

- priznanje čustev;
- odkrivanje stališč učenca;
- določanje problema;
- pomoč pri spoznavanju in spreminjanju vedenja;
- učenje nove spretnosti, ki je potrebna za spremembo;
- vrnitev v šolsko okolje.

LSCI na splošno velja za učinkovit proces (D'Oosterlinck in Spriet 2006, White-McMahon 2009). V raziskavi o učinkovitosti *LSCI* je Ramin (2011) ugotovil, da so bile po uvedbi *LSCI* zaznane pozitivne spremembe v vedenju učencev. Drugo raziskavo o učinkovitosti *LSCI* je opravil Dawson (2003); primerjal je naslednje rezultate tega procesa pri učencih:

- pogostost kriz,
- število začasnih izključitev iz šole,
- premestitve v manj restriktivno okolje,
- prisotnost pri pouku.

Dawson je ugotovil, da je pristop *LSCI* v sklopu podpore po incidentu učinkovita strategija za učenje obvladovanja lastnega vedenja pri učencih. Spremljal je dogajanje v dveh podobnih šolah – v »eksperimentalni šoli«, kjer so se učitelji udeležili usposabljanja za *LSCI*, in v »kontrolni šoli«, kjer osebje ni bilo deležno usposabljanja in se je zanašalo na razvijanje lastnih rešitev v kriznih situacijah. Ugotovil je, da se je v eksperimentalni šoli z *LSCI* pogostost kriz in izključitev znatno zmanjšala. V kontrolni šoli se je število incidentov znatno povečalo. V šoli z *LSCI* se je izboljšala tudi prisotnost učencev pri pouku. Pri svojem delu z mladimi ljudmi s socializacijskimi, čustvenimi in vedenjskimi težavami, sem večkrat uporabil *LSCI* (Wood in Long, 1991) in osebno se mi je zdela implementacija procesa *LSCI* lažja, vendar na žalost nisem dokumentiral nobenih dokazov o njegovi učinkovitosti. Leta 2010 sem preučeval osnovna načela Redlovega intervjuja *LSI* in Longovega intervjuja *LSCI* ter na podlagi teh strategij razvil lastno metodo učenja in podpore po incidentu (*PILS*).

Ključna načela metode učenje in podpora po incidentu (*PILS*) so:

Prisluhniti najprej stališču otroka. V tej fazi mora

poslušalec uporabljati veščine, kot so parafraziranje, povzemanje, dopuščanje molka in poslušanje brez obsojanja. Čeprav poslušanje povezujemo s sluhom, je treba razumeti, da poskušamo razbrati tudi posameznikovo telesno govorico in obrazno mimiko.

Povezati čustva z vedenjem s pomočjo vprašanj, kot so

»Kako si se pri tem počutila?«, »Torej si se počutila ...?« ali »In zato si to naredila?«.

Naučiti se alternativnih strategij, ki so uporabne v

situaciji, ko učenec doživlja opisana čustva. Učitelj mora pojasniti, zakaj je ukrepal na določen način. Tudi učitelj sam mora razmisliti, kako bi lahko naslednjič bolje pomagal otroku. Morebitne posledice morajo biti povezane z vedenjem (Dreikurs in Grey 1993). V tej fazi je pomembno, da z metodo *PILS* raziščemo tri glavna področja: izkušnjo, čustva in oblike vedenja. Pri tem enostavnem pristopu šolsko osebje najprej prisluhne stališču otroka (Cole 2009); poveže otrokova čustva z njegovim vedenjem (Faupel, Herrick in Sharp 1998); in otroka nauči alternativnih oblik vedenja za naslednjič, ko se bo tako počutil. Metodo lahko povzamemo s tremi preprostimi vprašanji:

- Kaj se je zgodilo?
- Kako si se ob tem počutil?

- Kaj bi lahko naredil naslednjič, ko se boš tako počutil?

Izjemno pomembno je, da ta tri preprosta vprašanja določajo strukturo pogovora, z namenom, da otroka naučimo primernejših oblik vedenja. Zelo pomembno je izbrati pravi trenutek za pogovor, kajti če je učenec še v fazi depresivnosti/okrevanja na krivulji vznemirjenja, lahko prenagljen proces učenja po incidentu sproži krizno vedenje. Pri raziskovanju, kaj se je zgodilo, je pomembno, da učitelj ostane nepristranski in ne uporablja strukture za to, da bi se dokopal do resnice. Seveda je odraslemu včasih težko, če je otrokov odgovor na vprašanje, kaj se je zgodilo, daleč od resnice. Vzrok za to je lahko dejstvo, da je otrokovo stališče do incidenta zelo drugačno od našega, ali pa še ni pripravljen spregovoriti o incidentu in je še v fazi okrevanja/depresivnosti. Kadar vprašamo otroka, kako se počuti, se lahko odzove na različne načine. Najboljše je seveda, če nam razloži, kako se je počutil. Toda pogostejši odziv na to vprašanje je skomig z rameni ali »ne vem«. Tak odziv kaže na potrebo po razvoju čustvene pismenosti v ustanovi.

Končno vprašanje, »Kaj bi lahko naredil naslednjič, ko se boš tako počutil?«, je verjetno najbolj pomembno in ga ne smemo zamenjati z »Kaj lahko narediš naslednjič, ko se to zgodi?«, ker so čustva tista, ki sprožijo vedenje. Če smo utrujeni in se je zgodilo nekaj slabega, se v nas lahko zbudijo negativna čustva, ki nato lahko sprožijo negativno vedenje. Če pa smo veseli in se zgodi ista slaba stvar, je naše vedenje lahko zelo drugačno.

Cotton (2010b) ugotavlja, da uporaba opisane metode po nastalem incidentu izboljša končni izid za učence, ker učitelju pomaga raziskati izkušnje, čustva in vedenje otrok in naučiti posameznike, kako obvladati svoje vedenje. Cilj te metode ni le zmanjšati število incidentov, temveč tudi izboljšati končni izid za učence, s tem ko izboljšamo odnose med šolskim osebjem in učenci ter naučimo učence uporabljati alternativne strategije za eksternalizacijo čustev.

Komunikacija in poslušanje

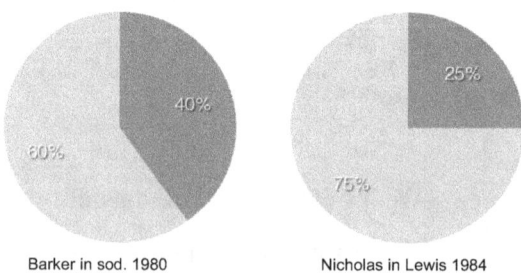

Barker in sod. 1980   Nicholas in Lewis 1984

Približno 60 odstotkov časa, ki ga namenjamo komuniciranju, sestavlja poslušanje (Barker 1980), zapomnimo pa si le okrog 25 odstotkov informacij, ki jih slišimo (Nicholas in Lewis 1984). Če mladim svetuje več učiteljev, si posameznik lahko zapomni le majhno količino informacij od vsakega učitelja. To pogosto pripelje do zmede in mnenja, da odrasli posredujejo »mešana sporočila«. Če se odrasli držijo določene strukture, se izboljša doslednost, in informacije, ki si jih posameznik zapomni, se z vsako ponovitvijo strukture utrdijo.

»Če na kamenček padajo kaplje vode, bodo sčasoma spremenile oblíko kamenčka.«
George Matthews 2005

Kaplje vode bi bolj učinkovito spremenila obliko kamenčka, če bi nenehno kapljala na isto mesto, kar poudarja pomen strukture.

Med mojo raziskavo (Cotton 2010) sta dve šoli za otroke s socializacijskimi, čustvenimi in vedenjskimi težavami sodelovali v izobraževanju o pristopu *PILS* in nato ta pristop uporabili pri nizu resnih incidentov (vsi incidenti so vključevali restriktivno fizično posredovanje). Dve podobni šoli za učence s socializacijskimi, čustvenimi in vedenjskimi težavami sta dobili navodilo, naj se učitelji po incidentih, ki so vključevali restriktivno fizično posredovanje, pogovorijo z otroki in jim nudijo podporo, vendar nista dobili nobenih navodil, kakšne metode oz. strukture naj se držita. Šoli, ki sta opravili izobraževanje *PILS*, sta zabeležili znatno zmanjšanje števila incidentov v obdobju dvanajstih tednov, in ena od njiju je v roku 6 mesecev zabeležila 51- odstotni upad incidentov. V šolah, kjer so učiteljem naročili, naj se po incidentih pogovorijo z učenci, vendar ni bilo usposabljanja za nobeno metodo, niso zaznali vidnejših sprememb v številu incidentov, pri čemer je ena od njih zabeležila celo porast incidentov.

Čeprav je bila raziskava manjšega obsega, je jasno pokazala, da je lahko preprost, dosleden pristop k težavnemu vedenju zelo učinkovit, če pa se učitelji ne držijo nobene metode, so rezultati mešani. Če posameznik dobiva pomoč brez upoštevanja določene strukture, se rado zgodi, da so rezultati negotovi. To se zgodi zato, ker na pogovore, ki ne sledijo nobeni strukturi, lahko vplivajo učitelji z lastnimi izkušnjami, čustvi in vedenjem.

Čeprav se večina učiteljev zaveda pomena *PILS*, veliko kolektivov poskuša upravičiti neizvajanje metode z izjavami, kot je »Nimamo časa«. Cole (2009) opozarja, da metode *PILS* ne smemo podcenjevati in da je treba omogočiti priložnost za takšen proces, vendar je za to potrebna sprememba odnosa v takih šolah.

Med raziskavo (Cotton 2010) sem opazil, da mnogo učiteljev meni, da veliko učencev ne želi govoriti o incidentih. Faupel (1998) pravi, da lahko po krizi traja vsaj eno uro, da se človeškemu telesu povrne normalno kemično ravnovesje, zato je treba otrokom omogočiti čas, da se »ohladijo«, preden jim poskušamo dati »čustveno prvo pomoč«. Čas za ohladitev po incidentu je odvisen od več dejavnikov, kot so silovitost incidenta, čustveno stanje posameznika itd. Cotton (2010) ugotavlja, da učitelji včasih izberejo napačen trenutek za pogovor. Neprimerno tempiranje je bilo opazno v dveh šolah, ki nista imeli dodatnega izobraževanja in sta prejeli le navodilo, naj se po incidentih pogovorijo z učenci. Faupel in sod. (1998) predlagajo, da bi izobraževanje o *PILS* pomagalo učiteljem presoditi, kdaj je pravi čas za izvedbo procesa, oziroma koliko časa pustiti učencem, da se umirijo. Vlaganje časa v *PILS* zmanjšuje število incidentov, zato imamo v končni fazi več in ne manj časa.

Leta 2013 sem opravil dodatno raziskavo o vplivu izvajanja računalniško podprte metode učenja po incidentu s pomočjo aplikacije kot nadomestila za šolski pripor po pouku v rednih srednjih šolah. Kadar so učenci izrazili vedenje, s katerim bi si sicer prislužili šolski pripor, so morali namesto pripora uporabiti aplikacijo. Predpostavljeno je bilo, da bi sočasna odredba pripora spremenila logično posledico aplikacijo v kazen in tako zmanjšala njeno učinkovitost, zato so učenci prejeli samo aplikacijo in nobenih drugih posledic ali kazni. Včasih se učenci po incidentu ne želijo pogovoriti z učiteljem ali pa mu dajo odgovore, za katere mislijo, da jih učitelj želi slišati. Menili smo, da bo mladostnikom mogoče bližja računalniško podprta aplikacija in da bi to lahko vplivalo na verjetnost, da bo posameznik izpeljal proces učenja po incidentu.

Slika 1

Slika 1 kaže domačo stran aplikacije *PIL*. Na tej strani lahko uporabnik (učitelj ali učenec) izbere povezavo »Povzetki« za dostop do preteklih izpolnjenih obrazcev ali »Novo učenje po incidentu«, če želi izpolniti nov obrazec. Uporabnik lahko tudi ustvari geslo za to stran in dostopa do preteklih izpolnjenih povzetkov. Aplikacija nato zastavi tri vprašanja *PILS*:

- Kaj se je zgodilo?
- Kako si se ob tem počutil?
- Kaj bi lahko naredil naslednjič, ko se boš tako počutil?

Uporabnik lahko odgovori tako, da nariše risbo, vtipka besedilo, se fotografira ali izbere enega od vnaprej pripravljenih odgovorov.

Opomba: Prenos aplikacije *Post Incident Learning* omogočata *Apple App Store* in *Google Play Store*.

Čeprav sta šolski pripor in prepričanje, da taka posledica lahko učencem pomaga, precej razširjena v sekundarnem izobraževanju, menim, da je razreševanje temeljnih vzrokov za vedenje pomembnejše, če želimo zmanjšati število priporov in izboljšati vedenje. Karande in sod. (2010) poleg tega ugotavljajo, da pripor lahko vodi v hud čustveni stres, zmanjšanje samospoštovanja in dodatne vedenjske težave. Vemo, da negativne posledice praviloma vzbujajo negativna čustva, ki nato pogosto sprožijo še več negativnega vedenja. Ta problematika je pomembna, če pomislimo, da Zakon o otrocih (1989) določa, da mora biti dobrobit otroka na prvem mestu.

Aplikacija je zagotovila doslednost in poskrbela za vsakokratno upoštevanje strukture *PILS*. V svoji raziskavi (Cotton 2010b) sem poudaril pomen strukture, hkrati pa dopustil, da se nekateri učenci morda ne želijo pogovarjati o incidentih. Uporaba aplikacije je takim učencem približala *PILS*. Pomembno se mi je zdelo tudi to, da je aplikacija *PIL* dokaj preprosta, tako da jo učenci lahko uporabljajo bodisi sami ali s pomočjo drugih.

Izboljšanje odnosov med šolskim osebjem in učenci, vključno z bolj obojestranskim poznavanjem vedenjskih pričakovanj in načinov spoprijemanja z vedenjskimi incidenti, lahko prispeva k bolj pozitivnemu vedenju. Aplikacija za učenje po incidentu je tako učiteljem kot učencem zagotovila strukturiran okvir za razmišljanje in spopadanje z vedenjskimi incidenti. Za konec naj še omenim, da je šola po implementaciji aplikacije za učenje po incidentu v trimesečnem obdobju zabeležila 64,5-odstotno zmanjšanje vedenjskih incidentov.

Omenjena tri vprašanja v aplikaciji so pomembna, ker so moje pretekle raziskave pokazale, da najučinkovitejše strukture *PILS* za spreminjanje vedenja vključujejo raziskovanje izkušenj (kaj se je zgodilo), čustev (kako se je posameznik počutil, ko je izkušnjo doživel) in vedenja (odkrivanje družbeno bolj sprejemljivih oblik vedenja za naslednjič, ko se bo posameznik enako počutil), (Cotton 2010a).

Učenje in podpora po incidentu (PILS) za posameznike s komunikacijskimi težavami

Kadar imam slab dan ali sem v stresu, se zaupam svoji ženi in ona mi zagotovi podporo, ki jo potrebujem (ali pa si to samo domišljam). Kako naj posameznik, ki ne more sporočiti ljudem, kako se počuti, dobi podporo, ki jo potrebuje?

Težave v duševnem zdravju so zelo razširjene med otroki in mladostniki. Po vsej državi poročajo o številu incidentov in daljnosežnih posledicah duševnih težav. Več zaporednih vlad se že ukvarja s podporo, oskrbo in zdravljenjem duševnih težav v različnih programih zdravljenja. Poročila, ki jih je leta 2012 objavilo gibanje Akcija za srečo (*Action for Happiness*), kažejo, da je pri tej populaciji veliko možnosti za izboljšanje splošnega počutja, saj 21 do 28 odstotkov državljanov poroča o nizki in zelo nizki ravni srečnosti v življenju. Pri otrocih in mladostnikih je znano, da je te vrednosti zelo težko napovedati in izmeriti (Action for Happiness, 2012), toda v splošni kategoriji otrok obstaja tudi podskupina, ki se uvršča v avtistični spekter, in ti otroci iz različnih razlogov težko aktivno sodelujejo pri terapiji.

Čeprav za težave v duševnem zdravju ni mogoče določiti enega samega vzroka, med mogoče vzroke sodijo biološki, biokemični, dedni in psihološki dejavniki, vendar je to del mnogo širše razprave (MIND, 2012). Potem, ko dobijo diagnozo, je ljudem s težavami v duševnem zdravju na razpolago velika množica podpornih terapij. Nekatere od njih pomagajo pri spoprijemanju s psihičnimi vzroki težav v duševnem zdravju (British Association of Behavioural and Cognitive Psychotherapies, 2005).

Čeprav je splošno znano, da so otroci različno vzdržljivi, lahko upravičeno domnevamo, da jih večina med stresnim dogodkom občuti tesnobo ali vznemirjenje. Vemo tudi, da nam pogovor o naših čustvih pogosto pomaga do boljšega počutja in da lahko po pogovoru nadaljujemo z vsakdanjim življenjem. Če ne spregovorimo o svojem počutju in čustva tiščimo v sebi, se pogosto samo še okrepijo in sčasoma lahko zaradi tega nastanejo težave v duševnem zdravju.

Motnja avtističnega spektra je skupina razvojnih možganskih motenj, za katere sta značilna okrnjena socialna interakcija in komunikacijske spretnosti ter omejen obseg aktivnosti in interesov (Kanner 1943). Čeprav avtizem sam po sebi ni duševna bolezen (NHS, 2010), ima več kot 70 % otrok in mladostnikov z avtističnimi motnjami vsaj eno duševno bolezen/komorbidno motnjo (Simonoff, 2008) – v primerjavi z 9,6 % otrok in mladostnikov, ki nimajo avtističnih motenj (The Office of National Statistics, 2004).

Za klasični avtizem oziroma avtizem z nizko ravnjo funkcioniranja so značilne okrnjene socialne interakcije in komunikacija. Če imajo otroci in mladostniki s klasičnim avtizmom težave pri komuniciranju (Kanner, 1943) in so pogovorne terapije sestavljene iz govorjenja ter poslušanja (DoH, 2001), kako naj aktivno sodelujejo v takih terapijah? Izboljšana komunikacija pri zagotavljanju podpore otrokom z avtističnimi motnjami tako pred kakor po diagnozi bi lahko občutno zmanjšala visoko stopnjo komorbidnosti v tej skupini.

To trditev sem preveril s pregledom dostopne in sodobne strokovne literature, raziskal sem nekatere najnovejše dostopne pogovorne terapije, ki lahko pomagajo posameznikom z avtističnimi motnjami po diagnozi težav v duševnem zdravju, in nato sem med izvedbo izobraževalnih tečajev na šolah ugotavljal, kako šole proaktivno pomagajo krepiti duševno zdravje svojih učencev.

Pomoč pri težavah v duševnem zdravju je lahko proaktivna ali reaktivna. Proaktivna duševna pomoč se nanaša na podporo posameznikom pred in po resnih ali stresnih incidentih. Reaktivna duševna pomoč se nanaša na podporo posameznikom po diagnozi težav v duševnem zdravju. Raziskoval sem, kako otroku z avtističnimi motnjami približati podporo na proaktivnem in reaktivnem področju, in nato razvil oblike opazovanja in tehnike, ki se uporabljajo za izboljšanje komuniciranja strokovnih delavcev z nizko funkcionalnimi otroki z avtističnimi motnjami.

Britanska nacionalna zdravstvena organizacija (*National Health Service, NHS*) opredeljuje avtizem kot trajno razvojno motnjo in ne kot motnjo v duševnem razvoju oziroma težavo v duševnem zdravju. V deseti reviziji Mednarodne klasifikacije bolezni (MKB-10) se avtizem uvršča v skupino »pervazivnih razvojnih motenj«. Meehan (2011) je določil tri glavne težave pri prepoznavanju in diagnosticiranju težav v duševnem zdravju. Težava je, da ljudje z avtističnimi motnjami pogosto težko izražajo in sporočajo čustva (Lainhart in Folstein, 1994; Perry, Marston, Hinder, Munden in Roy 2001). Na voljo je le nekaj standardiziranih pripomočkov za diagnozo psihiatričnih motenj pri otrocih in mladostnikih z avtističnimi motnjami (Helverschou, Bakken in Martinsen, 2009) in obstaja precejšna podobnost med oblikami vedenja, ki se izražajo pri avtizmu, ter določenimi simptomi nekaterih težav v duševnem zdravju (Helverschou in sod., 2009; Gould, 2010).

Leta 2004 je raziskava Urada za državno statistiko (*Office of National Statistics – ONS*) pokazala, da ima 9,6 % otrok v starosti med 5 in 16 let duševno motnjo, ki jo je mogoče diagnosticirati, in sicer ta delež vključuje 1 % otrok z avtističnimi motnjami. Leta 2008 je Simonoff ugotovil, da ima 70 % otrok z avtističnimi motnjami vsaj eno komorbidno motnjo, 41 % pa dve ali več.

Meehan (2011) ugotavlja, da je spodbujanje duševnega zdravja v tej skupini kljub temu, da imajo težave v duševnem zdravju katastrofalen vpliv na življenje oseb z avtističnimi motnjami, na splošno prezrto. Leta 2008 so Jones, English, Guldberg, Jordan, Richardson in Waltz ugotovili, da veliko otrok z avtističnimi motnjami uspešno zaključi osnovno šolo, v srednji šoli pa jim je pogosto zelo težko in začnejo doživljati znatne duševne in vedenjske težave.

Madders (2010) je opisal avtizem kot kompleksno prizadetost, zaradi katere je komorbidne težave v duševnem zdravju težje prepoznati, oceniti in zdraviti. Atkinson in Hornby (2002), Music (2007) in Tyler (2010) so ugotovili, da šolsko osebje pogosto meni, da je zagotavljanje podpore učencem na področju duševnega zdravja izven njihove domene. Druga poročila kažejo na pomanjkanje znanja med učitelji na tem področju (Atkinson in Hornby, 2002; Weare in Gray, 2003; Department of Health, 2006. Druga ovira za pomoč šolarjem v težavah, povezanih z duševnim zdravjem, je vloga nacionalnega kurikuluma (O'Hanlon, 2000), preverjanja znanja in ocenjevanja uspešnosti šol (Finney, 2006).

Je veliko konvencionalnih pristopov k zdravljenju težav v duševnem zdravju; pomembno skupino sestavljajo pogovorne terapije. Pogovorne terapije obsegajo celo vrsto ukrepov, ki pomagajo posameznikom pri spoprijemanju z negativnimi čustvi (The Mental Health Foundation, 2012). Po mnenju Fundacije za duševno zdravje je pomemben dejavnik za dobro duševno zdravje tudi pogovarjanje o problemih. Nacionalni inštitut za zdravje in klinično odličnost (*National Institute for Health and Clinical Exellence, NICE*) je leta 2005 priporočil pogovorne terapije namesto zdravil za otroke in mladostnike z depresivnostjo. V smernicah *NICE* je zapisano, da je dobra komunikacija med zdravstvenimi strokovnjaki in otroki oz. mladostniki bistvena in da mora biti zagotovljena podpora prilagojena potrebam posameznika ter da mora biti zdravnik podrobno seznanjen z načinom komunikacije, ki mu najbolj ustreza (Howlin, 1997).

Strukturirano učenje po incidentu je tehnika za učenje s pomočjo refleksije, pogovora o izkušnjah, zbiranja informacij in oblikovanja idej za prihodnost (Gibbs, 1988). Moja raziskava o vplivu, ki ga ima strukturirano učenje po incidentu na učence in šole po resnih incidentih (Cotton, 2010), je pokazala, da strukturirani proces učenja po incidentu zmanjša število incidentov, ker se v tem procesu mladi naučijo družbeno sprejemljivejših načinov za izražanje svoje potrebe po podpori, s čimer se izboljša duševno zdravje otroka (MHF, 2012). Pomanjkanje strukture pa lahko zmanjša učinkovitost učenja po incidentu (Kahan, 1994).

Čeprav utegne biti strukturirana podpora po incidentu za otroke s klasičnim avtizmom prezahtevna, ima vsak posameznik človekovo pravico do tega, da mu prisluhnemo (Taylor, 2000). Zakon o diskriminaciji invalidov in Zakon o enakopravnosti (2010) vsebujeta zakonsko določilo, ki zahteva razumno prilagoditev storitev, ki so jih deležni ljudje z invalidnostjo, vključno z avtističnimi motnjami. Poleg tega, da nam zakon nalaga odgovornost in dolžnost, da nekaj storimo, je treba tudi poiskati ustrezne rešitve.

Nacionalno društvo za avtizem (2012) je zapisalo, da komunikacija in interakcija lahko potekata tudi brez uporabe jezika in govora, zato je treba vzpostaviti drugačne metode komunikacije. Vemo, da obstaja veliko tradicionalnih govornih in jezikovnih pripomočkov ter komunikacijskih pomagal, na primer sistem komunikacije z izmenjavo slik (*Picture Exchange Communication System – PECS*), ki pridejo prav pri pogovornih terapijah, kot je kognitivno vedenjska terapija. Manj jasno pa je, ali terapevti in strokovnjaki lahko uporabljajo te pripomočke pri otrocih z avtističnimi motnjami in kako učinkovito pomagajo otrokom približati terapijo. Sistem *PECS* sta zasnovala Bondy in Frost (1994), namenjen pa je spoznavanju in reševanju potreb otrok in mladostnikov z znatnimi komunikacijskimi primanjkljaji. V raziskavi, ki sta jo opravila Bondy in Frost (1994), se je 95 odstotkov od 85 predšolskih otrok brez razvitega govora naučilo uporabljati slikovne simbole za sporazumevanje. Drugi komunikacijski pripomočki, ki bi lahko pomagali pri izvedbi pogovornih terapij, so sistemi nadomestne in dopolnilne komunikacije (*Alternative and Augmentative Communication, AAC*). Taki sistemi lajšajo ali nadomeščajo govorno komunikacijo. Sem sodijo geste, simboli, znakovni jezik, table z besedami, komunikacijske table, knjige in komunikacijske naprave s sintetizatorjem govora (*Voice Output Communication Aids, VOCA*) (Scope, 2012). Komunikacijske naprave s sintetizatorjem govora (*VOCA*), ki so na voljo v splošni prodaji, so elektronske naprave, namenjene ljudem, ki ne znajo verbalno izraziti svojih potreb oziroma sporočati in sprejemati informacij. Izvedbo pogovornih terapij lahko olajšajo tudi »komunikacijski potni listi« (Miller, 1997).

Komunikacijski potni list je pozitivni način zagotavljanja podpore ljudem s senzornimi in komunikacijskimi ovirami, ki ne znajo

113

sami spregovoriti. Tak potni list vsebuje osebne podatke o otrokovih potrebah, na primer, kaj mu je všeč in kaj ne. Potni list pripada otroku in pomaga ljudem, ki ga še ne poznajo, razumeti njegove potrebe (Scope, 2012). Čeprav Goldbart in Caton (2010) nista zasledila nobene formalne ocene komunikacijskih potnih listov, je 30 % strokovnih delavcev, ki so bili vključeni v raziskavo, poročalo, da jih uporabljajo pri svojem delu. Druga raziskava (Goldbart in Caton, 2010) je pokazala, da se potni listi večkrat uporabljajo pri odraslih kot pri otrocih. Na voljo je veliko terapevtskih pristopov za pomoč ljudem s težavami v dušenem zdravju in številni vključujejo dolgoročno obravnavo, na primer svetovanje. Obstajajo razveseljivi kazalniki, da je s svetovanjem mogoče reševati zlasti potrebe visoko funkcionalnih otrok z avtističnimi motnjami. Svetovanje zajema široko paleto ukrepov, predvsem pa omogoča redna srečanja in prostor, kjer lahko posamezniki spregovorijo o svojih težavah. Izvaja se v okolju, v katerem ni zunanjih motenj in vlada zaupnost, zato posameznike spodbuja k raziskovanju težkih čustev (MIND, 2012).

Leta 2006 sta Vermeulen in Vanspranghe ugotovila, da svetovanje lahko pomaga razrešiti napačne interpretacije sveta, ki so značilne za osebe z avtističnimi motnjami in lahko privedejo do anksioznosti, toda po drugi strani Nacionalni inštitut za gluhost in druge motnje v komunikaciji priznava, da so otroci s klasičnim avtizmom pogosto zatopljeni vase in po vsem sodeč živijo v svojem lastnem svetu, zato niso sposobni uspešno komunicirati, kar otežuje svetovalni proces. Obliki svetovanja sta tudi intervju v življenjskem prostoru (*LSI*) in krizna intervenca v življenjskem prostoru (*LSCI*).

Kognitivno vedenjska terapija je pogovorna terapija, ki jo je populariziral Burns (2008). Temelji na načelu, da lahko način razmišljanja sproži duševne težave. Kognitivno vedenjska terapija lahko uporabniku pomaga analizirati njegove vzorce razmišljanja, čustvene reakcije in vedenje, ki jih prepoznava z »ocenjevanjem težav«. Spodbuja jih, da preizkusijo nove pristope k mišljenju in čustvom.

Uporabno vrednost kognitivno vedenjske terapije potrjuje vedno več raziskav. Elliot in Place (1998) poudarjata, da je ta terapija učinkovit način spreminjanja vzorcev razmišljanja na bolje. Druge raziskave (Stallard, 2009) kažejo, da ima dolgoročne koristi in pomaga uporabnikom, da se naučijo tehnik, ki jih lahko uporabljajo vse življenje, če odnos sodelovalen, če poudarja uspehe in če so posamezniki dovolj zavzeti in vztrajni pri spoprijemanju s svojimi težavami in njihovem premagovanju. Willson in Branch pa poudarjata, da kognitivno vedenjska terapija ne ustreza vsem ljudem in da ne pomaga pri vseh duševnih stanjih.

Lynch in sodelavci so ugotovili, da ta terapija ni uporabna pri shizofreniji in da ima omejen vpliv na depresijo.

Vodilna zbornica psihiatrov (*The Royal College of Psychiatrists*) (2012) je ugotovila, da je kognitivno vedenjska terapija zlasti primerna za ljudi z avtističnimi motnjami ali Aspergerjevim sindromom, ker se lahko uporablja za premagovanje kognitivnih distorzij (Paxton in Estay, 2007). Ta terapija je pogovor o načinu razmišljanja o sebi, svetu in drugih ljudeh in o tem, kako naša dejanja vplivajo na druge ljudi.

Koncept kognitivno vedenjske terapije je razvil že Pavlov leta 1897. Izhajal je iz mnenja, da je z upoštevanjem načel teorije o učenju mogoče oblikovati človeško vedenje in da je s spreminjanjem vedenja mogoče omiliti psihične motnje. Britanska nacionalna zdravstvena organizacija (*NHS*) je odobrila dve obliki računalniško podprte kognitivno vedenjske terapije. Dokazi kažejo na to, da njeno izvajanje z računalnikom lahko pomaga pri anksioznih in depresivnih motnjah, zlasti če pacient obiskuje tudi terapevta (NHS, 2010).

Wood, Drahota, Sze, Har, Chiu in Langer (2009) so 40 otrok z avtističnimi motnjami, starih od sedem do enajst let, naključno razporedili v dve skupini: napoteni na 16 srečanj kognitivno vedenjske terapije ter uvrščeni na trimesečni čakalni seznam. Starši in otroci so izpolnili tabelo s simptomi anksioznosti na začetku raziskave in po izteku terapevtskih srečanj/čakalne dobe. Raziskava je pokazala, da je 78,5 % skupine, vključene v terapijo, ustrezalo kriterijem lestvice Klinični globalni vtis (*Clinical Global Impressions CGI*), v primerjavi s samo 8,7 % skupine na čakalnem seznamu. Lestvica *CGI* (ki meri zboljšanje zdravstvenih stanj), je eden najbolj razširjenih ocenjevalnih instrumentov v psihiatriji in razumljiv, praktičen, enostaven pripomoček za zdravnike (Busner in Targum, 2007). Sodeč po rezultatih raziskave je remisija anksioznih motenj med visoko funkcionalnimi otroci z avtističnimi motnjami uresničljiv cilj. Ooi, Lam, Sung, Tan, Goh, Fung, Pathy, Ang in Chua (2008) so ugotovili tudi, da je 16 srečanj kognitivno vedenjske terapije učinkovito vplivalo na zmanjšanje anksioznosti pri visoko funkcionalnih otrocih z avtističnimi motnjami, ki so bili povprečno stari 11,5 leta.

Sofronoff, Attwood in Hinton (2005) so ocenjevali tudi otroke z diagnozo Aspergerjevega sindroma, ki so bili vključeni v kognitivno vedenjsko terapijo, in vpliv sodelovanja staršev. Sodelovanje staršev je povečalo koristnost terapije.

Večina teoretikov in praktikov meni, da je ta terapija učinkovita za nekatere posameznike, vendar ima svoje omejitve.

»1. Natančna vloga spoznavnih procesov še ni opredeljena. Možno je, da so maladaptivne kognicije pri osebah s psihičnimi motnjami posledice in ne vzrok.

2. Spoznavni model ima ozek okvir – mišljenje je samo del človeškega delovanja in obravnavati je treba širšo problematiko.

3. Etični pomisleki: kognitivno vedenjska terapija je direktivna terapija, ki stremi k spreminjanju spoznavanja, včasih na precej silovit način. Nekaterim bi se lahko zdelo, da je ta pristop neetičen.«

McLeod (2008)

Med preučevanjem kognitivno vedenjske terapije sem navezal stike s petnajstimi izvajalci, ki sem jih naključno izbral na spletni strani Britanskega združenja za vedenjske in kognitivne psihoterapije (*British Association for Behavioural & Cognitive Psychoterapies, BABC*). Na spletni strani so objavljeni kontaktni podatki in specializacije terapevtov, ki so registrirani člani združenja. Vseh petnajst terapevtov, ki sem jih poklical, je bilo specializiranih za delo z otroki z avtističnimi motnjami. Specialiste sem vprašal, kako s kognitivno vedenjsko terapijo pomagajo otrokom s klasičnim avtizmom.

Dvanajst od petnajstih terapevtov je odgovorilo, da delajo samo z otroki z avtističnimi motnjami, ki imajo določeno raven jezikovnih spretnosti. Štirinajst terapevtov je povedalo, da se jim zdi proces kognitivno vedenjske terapije v tej skupini težaven, in sicer zaradi zaznane ravni komunikacije, ki jo kažejo otroci (Hall, 1996). Trije terapevti, ki delajo z otroki s klasičnim avtizmom, so razložili, da morajo biti pri svojem pristopu pogosto bolj ustvarjalni, niso pa pojasnili, na kakšen način so ustvarjalni in niso navedli konkretnih primerov.

Iz raziskave je mogoče sklepati, da je kognitivno vedenjska terapija sicer izjemno učinkovita, vendar ima za posameznike, ki jo najbolj potrebujejo, izredno omejeno uporabno vrednost.

Leta 2012 sem objavil članek, v katerem sem preučeval komunikacijske strategije, s katerimi lahko skrbimo za boljše duševno zdravje otrok z avtističnimi motnjami. Za namen raziskave sem stopil v stik z dvema šolama, ki ponujata izobraževanje za otroke s široko paleto posebnih izobraževalnih potreb, med drugim za otroke z avtističnimi motnjami, kombinirano invalidnostjo, težko motnjo v duševnem razvoju in kompleksnimi zdravstvenimi težavami, in ju povabil k sodelovanju v raziskavi. V obeh šolah se je celoten kolektiv udeležil usposabljanja za izvajanje strukturirane podpore po incidentu za otroke z avtističnimi motnjami, zato da bi lahko proaktivno skrbel za boljše duševno zdravje učencev. Z nekaj pomoči sta šoli pripravili več strategij *PILS*. En semester sta preizkušali strategije med otroki in preverjali mnenja šolskega osebja na sestankih celotnega kolektiva. Zbrali smo podatke o starosti in učnem uspehu (Qualifications and Curriculum Authority, 2005) otrok, ki so sodelovali v raziskavi, da bi dobili predstavo o ravni komunikacije otrok. Otroci v raziskavi so bili stari od 11 do 15 let in njihov učni uspeh pri govoru/izraznem sporazumevanju se je gibal od 4 do 6 (glej Prilogo 2 za razlago ocen učnega uspeha).

Vsi člani osebja na obeh šolah so se zavedali pomena razvijanja pozitivnih odnosov z mladimi, za katere skrbijo, in razumeli, da je za razvijanje pozitivnih odnosov ključno, da otroci skupaj z njimi doživljajo pozitivne izkušnje. Razvijanje pozitivnih odnosov omogoča šolskemu osebju, da prepozna znake anksioznosti in zgodaj ukrepa. Uporaba komunikacijskih potnih listov je osebju omogočila, da se odzove na individualne potrebe vsakega otroka. Potne liste so izdelali skupaj z učenci in jih razdelili osebju, staršem in drugim strokovnim delavcem. Ena od šol je uporabljala komunikacijski slovar, v katerega so zapisovali, kako učenci komunicirajo in na kakšne načine jim lahko osebje pomaga, da se bolje počutijo.

120

KAKO UČITI VEDENJE IN KAKO GA NE

Po incidentih, v katerih se je otrok razburil, so izpolnjevali spodaj navedene delovne liste. Delovne liste so izpolnili učitelji in učenci ter jih uporabljali kot prikaz za način, kako je osebje poskušalo ponovno vzpostaviti pozitiven odnos po incidentu. Učenec ali učitelj sta narisala, kaj se je zgodilo med incidentom. Delovni list so plastificirali. Potem ko je učenec izrazil toliko informacij, kolikor je le zmogel, so ga fotokopirali, nakar je učenec zapis na delovnem listu izbrisal.

Jaz	Zgodilo se je	Čutil/a sem…

Če se bom še tako počutil/a, bom …	
	Učenec ....
	Učitelj ....
	Datum ....

121

V eni od šol so otroke o osnovnih čustvih, kot sta veselje in žalost, učili z nasmejanim in žalostnim obrazom (spodaj). Učitelj je učencu pokazal eno od slik z obrazom glede na situacijo: če se je na primer otrok izkazal pri delu ali je bil še posebej pripravljen pomagati, mu je učitelj pokazal veseli obraz. Če se je otrok vedel na nesprejemljiv način, npr. z nasiljem do drugega otroka, so mu pokazali žalostni obraz. Osebje se je trudilo, da bi učencem večkrat pokazalo veseli obraz.

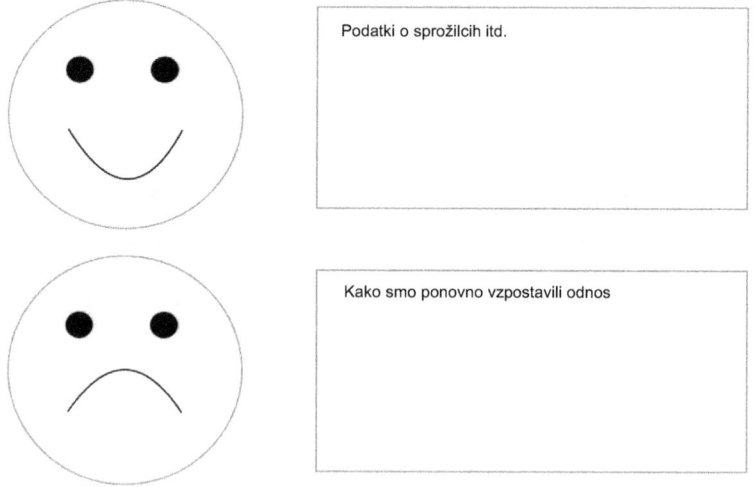

Podatki o sprožilcih itd.

Kako smo ponovno vzpostavili odnos

V eni od šol so uporabljali sistem komunikacije z izmenjavo slik (*PECS*), in sicer so s pomočjo simbolov učili otroke o različnih čustvih. V drugi šoli so s simboli *PECS* spremljali pravljice in si z njimi pomagali pri izvajanju podpore po incidentu. Za nekatere učence so bili barvni simboli premočan dražljaj, zato so pri takih otrocih uporabljali simbole brez barv.

Druga šola je izdelala »dnevnik počutja« (glej vzorec spodaj). Dnevnik so izpolnjevali učenci in učitelji ob koncu vsakega dneva in to je učiteljem precej pomagalo pri ugotavljanju, kako se posamezniki počutijo. Simbole čustev in dnevnik počutja so izbrali na podlagi izpolnjene tabele - pripomočka za ocenjevanje čustev, o katerem sem že govoril.

Moj dnevnik počutja

veselje   žalost

Kaj me je danes razveselilo?

Kaj me je danes razžalostilo?

Dan 1

Danes sem se na splošno počutil/a…,

ker…

ker…

Delovni list o izkušnjah, čustvih in vedenju (spodaj) je po incidentu izpolnil učitelj skupaj z otrokom in nato je otrok zapis na delovnem listu izbrisal.

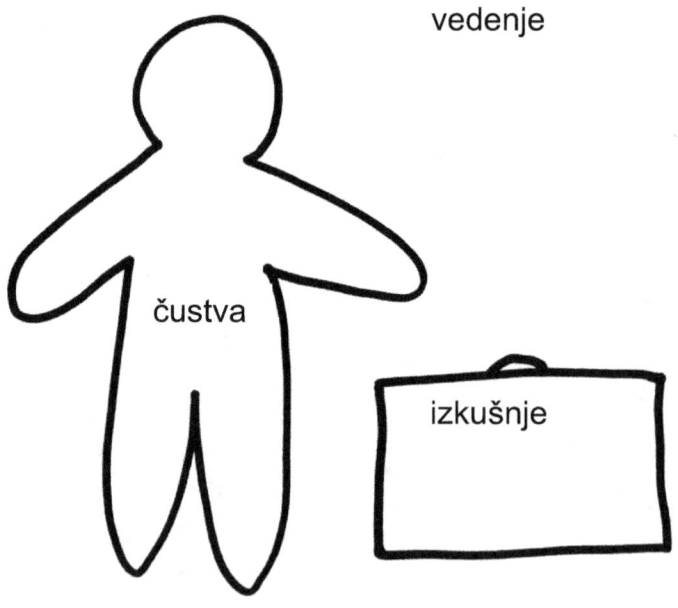

Delovni list »Poslušam, povežem, učim se« je različica delovnega lista o izkušnjah, čustvih in vedenju.

Poslušam (Kaj se je zgodilo?)

Povežem (Kako si se ob tem počutil?)

Učim se (Kaj bi lahko naredil naslednjič, ko se boš tako počutil?

V eni od šol, ki je sodelovala v raziskavi, so povedali, da strategije, ki so jih izvajali, precej pomagajo učiteljem razvijati pozitivne odnose z otroki, s katerimi delajo. Po njihovem mnenju bi dosledno izvajanje strategij dolgoročno pripomoglo k duševnemu zdravju učencev. Osebje je zatrdilo, da bodo v šoli nadaljevali z uporabo strategij in da bodo v prihodnosti ponovno ocenili dolgoročni vpliv. Ravnateljica te šole je izjavila, da je imelo izvajanje strategij pozitiven vpliv na šolsko kulturo.

Težave v duševnem zdravju so močno razširjene med mladimi (Action for Happiness, 2012 in ONS, 2004) in čeprav zanje ne obstaja en sam določljiv vzrok, na splošno velja, da pogovor o težavah lahko precej prispeva k zagotavljanju boljšega in (upajmo) lažje obvladljivega duševnega zdravja (MHF, 2012). Mladi s klasičnim avtizmom imajo pogosto težave s komuniciranjem o svojih problemih in raziskave kažejo, da 70 % otrok in mladostnikov z avtističnimi motnjami kaže znake ene ali več komorbidnih motenj (ONS, 2004).

Eden od možnih razlogov za tako visoko stopnjo soobolevnosti v tej skupini so težave s komunikacijo, ki jih imajo mladi z avtističnimi motnjami. Če otrok ni sposoben izraziti, kako se počuti, kako naj dobi podporo, ki jo potrebuje? Možna je uporaba osebnih načrtov komunikacije, s katerimi lahko poskrbimo, da starši, učitelji in drugi strokovnjaki spoznajo otrokov individualni slog komunikacije, kar omogoča učinkovitejšo podporo.

Šoli, ki sta bili vključeni v raziskavo, sta uspešno izvajali več strategij za izboljšanje komunikacije z mladimi s klasičnim avtizmom. Čeprav je vpliv implementacije strategij težko ovrednotiti, sta obe šoli poročali o pozitivnih rezultatih, kot je na primer omogočanje učiteljem, da razvijajo pozitivnejše odnose z mladimi. Izpolnjevanje delovnega lista z otrokom je pogosto precej prispevalo k razvijanju odnosov, posebno če so delovni list po izpolnjevanju delili z drugimi. Vsi člani osebja v šolah, ki sta sodelovali v raziskavi, so se strinjali, da jim bo razvijanje pozitivnih odnosov z mladimi omogočalo, da prepoznajo zgodnje znake anksioznosti in primerno ukrepajo. V eni od šol so pripomnili, da je bila neposredna posledica implementacije strategij tudi izboljšana šolska kultura. Mogoče zato, ker so strategije spodbujale osebje in mlade k skupnim pozitivnim izkušnjam.

Velika ovira pri zagotavljanju podpore za duševno zdravje oseb z avtizmom je kompleksnost njihove motnje. Zaradi omejenih standardiziranih instrumentov za določanje diagnoze (Perry, 1994) je težave v duševnem zdravju težko oceniti (Action for Happiness, 2012). Atkinson in sodelavci (2002) so pojasnili, da so vsakdanji delovni pritiski v kombinaciji s pomanjkljivim znanjem učiteljev in z njihovim mnenjem, da je skrb za duševno zdravje izven njihove domene, pomembna ovira pri zagotavljanju podpore za boljše duševno zdravje mladih z avtističnimi motnjami. To bi lahko bil eden od razlogov, zakaj je skrb za duševno zdravje v tej skupini na splošno prezrta (Meehan, 2011), toda raziskave kažejo, da je ob uspešnem premagovanju teh ovir mogoče poskrbeti za boljše duševno zdravje otrok z avtističnimi motnjami (MHF, 2012).

Več pomoči učiteljem bi skupaj s kakovostim usposabljanjem za prepoznavanje in reševanje težav v duševnem zdravju pri mladih in z razvojem večjega števila diagnostičnih instrumentov lahko precej prispevala k zmanjšanju visoke stopnje soobolevnosti v tej skupini. Na voljo je veliko komunikacijskih pripomočkov, ki lajšajo komunikacijo, in te metode bi se lahko uporabljale za izboljšanje duševnega zdravja otrok z avtističnimi motnjami, tako pred in po diagnozi. Pri mladih z avtističnimi motnjami in diagnozo težav v duševnem zdravju bi kognitivno vedenjska terapija in druge pogovorne terapije lahko precej pripomogle k zmanjšanju soobolevnosti (Ooi in sod., 2008). Paxton in Estay (2007) poudarjata, da je kognitivno vedenjska terapija še posebno primerna za osebe z avtističnimi motnjami.

Dokazi, ki sicer še zdaleč niso jasni, kažejo, da po eni strani mladim z avtističnimi motnjami terapija koristi, tako kot večini otrok nasploh (MHF, 2012). Po drugi strani pa pri izbiri prave terapije med množico metod ostaja odprto vprašanje aktivnega sodelovanja in relevantnosti in verjetno tudi vprašanje veljavnosti in ovrednotenega vpliva. Prvi rezultati moje raziskave so potrdili, da se prakse razlikujejo, da obstajajo različni pristopi, da je prisotno pomanjkanje doslednosti (verjetno pri izvedbi) in da je zaradi vsega tega tudi uspeh različen. Obenem pa se je izkazalo, da vse pristope strokovnjakov v praksi povezuje ugotovitev, da mladi z avtističnimi motnjami dejansko težko aktivno sodelujejo v teh podpornih storitvah.

Skrb za duševno zdravje v šolskem izobraževanju je izvedljiva, saj so preproste strategije, ki sta jih izdelali in izvajali omenjeni šoli, prinesle pozitivne rezultate in bi lahko z njimi zagotovili tudi proaktivno podporo za boljše duševno zdravje mladih.

Če sta učenje in podpora po učenju učinkovita strategija za učenje družbeno sprejemljivejših oblik vedenja in zagotavljanje podpore za boljše duševno zdravje posameznika, je pomembno razmišljati o načinu implementacije procesa pri mladih z različnimi potrebami. To ni vedno dosegljiv cilj, saj nekateri posamezniki

131

niso sposobni aktivno sodelovati v procesu, vendar to še ne pomeni, da procesa ni mogoče implementirati.

Če izhajamo iz ideje, da mladi potrebujejo določene veščine, da jim lahko *PILS* koristi, potem je mogoče potrebno, da jih učimo teh veščin med samo izvedbo te strategije. Dve poglavitni veščini, ki sta potrebni, sta poslušanje in določena raven čustvene pismenosti. Sledi nepopoln seznam sredstev, s katerimi lahko razvijamo spretnost poslušanja:

- uporaba telesne govorice,
- obrazna mimika,
- kazanje s pogledom,
- referenčni (simbolni) predmeti,
- komunikacijski pripomočki,
- dopolnilna/nadomestna komunikacija,
- ustaljen red,
- informacijska tehnologija,
- uporaba intonacije,
- fotografije, slike, simboli,
- tisk,
- znakovni jezik,
- zvoki/govorjena beseda,
- podprta komunikacija,
- socialna interakcija,
- intenzivna interakcija,

- poslušanje zvokov,
- zvočne igre.

Nepopoln seznam sredstev, s katerimi lahko razvijamo čustveno inteligenco:

- sestavljanke s čustveno vsebino,
- dnevnik počutja,
- slike s čustveno vsebino,
- socialne zgodbe,
- likovna umetnost,
- dramska umetnost,
- aplikacije za iPad, kot je Post Incident Learning,
- pregled počutja,
- kazanje čustev,
- zgodbe o čustvih,
- filmi,
- skupno doživljanje čustev.

Osredotočenje na razvoj spretnosti poslušanja in čustvene inteligence lahko mladim pomaga napredovati pri učenju iz incidentov in iskanju pomoči.

Včasih moramo razmišljati izven ustaljenih okvirov in če razumemo, kaj želimo doseči, bomo lažje dosegli cilj. Naša želja je, da se posameznik počuti sprejetega. To lahko pomeni na primer, da otroka objamemo ali se z njim pogovarjamo z blagim, spodbudnim glasom. Prav tako hočemo, da se posameznik uči iz lastnih dejanj. To lahko pomeni na primer, da implementiramo logično posledico ali dovolimo, da pride do naravnih posledic, ne da bi bila ogrožena varnost posameznika.

Včasih ne vemo, koliko informacij dojema oseba z avtističnimi motnjami, toda posamezniki so nas s svojo ravnjo razumevanja že večkrat presenetili. Dvanajstletni deček z avtističnimi motnjami brez razvitega govora se je naučil izražati z metodo hitrega procesiranja (*Rapid Processing Method*) in izkazal se je za izjemnega pisatelja – taki primeri niso redki.

Eden najbolj vsakdanjih problemov v varstvenih in vzgojno-izobraževalnih okoljih, ko gre za učenje in podporo po incidentu, je čas. Toda *PILS* zmanjšuje število incidentov in nam s tem omogoča več časa za druge stvari, poleg tega pa ima številne druge prednosti.

Skrb za duševno zdravje.

Vemo, da nam pogovor o težavah lahko pomaga krepiti odnose in da kakovostni odnosi pozitivno vplivajo na naše duševno zdravje.

PILS nam omogoča, da preverimo splošno počutje posameznikov in pokažemo, da nam ni vseeno zanje.

Izboljšana čustvena inteligenca.

Ni se vedno lahko pogovarjati o svojih čustvih in nekateri ljudje jih le s težavo opišejo. Običajno doživljamo več čustev hkrati, zato jih je še težje natančno poimenovati. Redno izvajanje *PILS* spodbuja dialog o čustvih in dokazano je, da izboljšuje čustveno inteligenco, kar lahko pripelje do izboljšane komunikacije in v končni fazi do izboljšanega vedenja.

Odkrivanje sprožilcev.

PILS nam pomaga odkriti sprožilce vedenja, tako da lahko posamezniku ponudimo najboljšo podporo, ko je izpostavljen sprožilcu. Kot sem že omenil, v nekaterih dejavnostih pogosto naletimo na zmotno prepričanje, da se moramo izogibati sprožilcem, z metodo *PILS* pa učimo strategije za spoprijemanje z njimi, namesto da se jim le izogibamo, in tako posameznikom pomagamo pridobiti veščine za vse življenje.

Omogočanje učenja.

Ker se več naučimo iz napak kot iz uspehov, nam *PILS* lahko pomaga pri učenju, zmanjšanju števila incidentov in izboljšanju vedenja. S pomočjo *PILS* se lahko tudi učimo drug od drugega in s tem poglabljamo svoje razumevanje individualnih potreb. Pri tej metodi je ključno to, da je vsakdo upravičen do nje in da komunikacija ni problem otroka, pač pa strokovnih delavcev, ki nudijo podporo. Če bi vam povedal v slovenščini, da sem v stresu, bi mi verjetno lahko pomagali, če pa bi vam to povedal v jeziku »chamicuro« (ki ga govori 8 ljudi, večinoma živečih v Peruju), bi nastal problem, vendar bi bil to moj problem, ne vaš.

Vsakdo je genij. Toda če presojate ribo po sposobnosti plezanja po drevju, bo riba vse življenje verjela, da je neumna.
Albert Einstein

Priloga 1

Moj načrt

Ime: Datum načrta: Datum revizije načrta:

Kakšno je moje vedenje?

Faza 1 Sprožilno vedenje	Faza 2 Stopnjujoče vedenje	Faza 3 Krizno vedenje
Moje vedenje:	Moje vedenje:	Moje vedenje:
Kako si lahko pomagam?	Kako si lahko pomagam?	Kako si lahko pomagam?
Kako lahko pomagajo odrasli?	Kako lahko pomagajo odrasli?	Kako lahko pomagajo odrasli?

Faza 4 Faza depresivnosti	Faza 5 Okrevanje	Faza 6 Nadaljnje spremljanje
Moje vedenje:	Moje vedenje:	Moje vedenje:
Kako si lahko pomagam?	Kako si lahko pomagam?	Kako si lahko pomagam?
Kako lahko pomagajo odrasli?	Kako lahko pomagajo odrasli?	Kako lahko pomagajo odrasli?

Kaj so moji sprožilci?

Kaj mi je všeč?

1.
2.
3.
4.
5.

Ustrezne tehnike zmanjševanja vznemirjenja

	Da	Ne	Opombe
Svetovanje in podpora	❏	❏	_____
Spoštovanje osebnega prostora	❏	❏	_____
Opogumljanje	❏	❏	_____
Scenariji pomoči	❏	❏	_____
Pogajanje	❏	❏	_____
Omejena izbira	❏	❏	_____
Humor	❏	❏	_____
Logične posledice	❏	❏	_____
Načrtno ignoriranje	❏	❏	_____
Čas za premislek	❏	❏	_____
Prekinitveno obdobje (time-out)	❏	❏	_____
Spodbuden dotik	❏	❏	_____
Zamenjava odraslega	❏	❏	_____
Spominjanje na uspeh	❏	❏	_____
Preprosto poslušanje	❏	❏	_____
Potrjevanje	❏	❏	_____
Opravičilo	❏	❏	_____
Strinjanje	❏	❏	_____
Odstranitev občinstva	❏	❏	_____
Drugo	❏	❏	_____

Ali je pri spraševanju treba upoštevati še kakšne dejavnike? Na primer komunikacijske pripomočke, osebje itd.

Poslušam Povežem Učim se	

Starši/skrbniki: Ime:
Učitelj: Ime:
Center za socialno delo (po potrebi)   Ime:
Psiholog   Ime:
Socialni delavec   Ime:
Otrok   Ime:

Priloga 2

Učni uspeh – ocena 4

Učenec zna ponoviti, kopirati in posnemati od 10 do 50 besed, znakov ali besednih zvez, ali uporabljati repertoar referenčnih predmetov oziroma simbolov. Uporablja posamezne besede, znake in simbole za znane predmete, na primer »skodelica«, »piškot«, in komunicira o dogodkih in čustvih, na primer o tem, kaj mu je všeč in kaj ne.

Učni uspeh – ocena 6

Učenec zna začeti in nadaljevati kratek pogovor s komunikacijskim sredstvom, ki mu najbolj ustreza. Zna postaviti preprosto vprašanje, na primer, »kje je mačka?«. Pravilno uporablja predloge, kot sta »v« ali »na«, in zaimke, kot sta »moj« ali »to«.

Pri poslušanju/receptivni komunikaciji so učenci v raziskavi dosegli ocene od 4 do 7.

Učni uspeh – ocena 4

Učenec kaže razumevanje vsaj 50 besed, vključno z imeni znanih predmetov. Učenec se primerno odzove na preprosta navodila, ki vsebujejo eno ključno besedo, znak ali simbol v znanih situacijah, na primer »pojdi po plašč«, »vstani« ali »zaploskaj«.

Učni uspeh – ocena 7

Učenec posluša, spremlja in sledi zgodbam krajše časovno obdobje. Sledi navodilom ali prošnji s štirimi ključnimi besedami, znaki ali simboli, na primer, »prinesi veliko knjigo o dinozavrih iz knjižnice«. Spremlja in se odziva na vprašanja odraslih in vrstnikov o izkušnjah, dogodkih in zgodbah, na primer, »kam je šel deček?«.

Qualifications and Curriculum Authority, 2005

VIRI

Allen, B. & Matthews, G. (2003). Team-Teach Work Book. St. Leonards on Sea: Steaming Publications.

Action for Happiness (2012). http://www.actionforhappiness.org/news/first-world-happiness-report-launched-at-united-nations 15. 8. 2012.

Association for Cognitive Analytical Therapy (2012). Association for Cognitive Analytical Therapy. http://www.acat.me.uk/page/about+cat 18. 6. 2012.

Atkinson, M and Hornby, G. (2002). Mental Health Handbook for Schools. London: Routledge.

Autism Network. (2010). Picture Exchange Communication System Introduction. Available: http://www.autismnetwork.org/modules/comm/pecs/index.html. Last accessed 26 May 2010.

Bandura, A. (1965). Influence of models' reinforcement contingencies on the acquisition of imitative responses. Journal of personality and social psychology, 1(6), 589.

Bell, J. (2005). Doing your Research Project: A guide for first-time researchers in education, health and social science. Maidenhead. Open University Press.

Bondy, A and Frost, L. (1994). The Picture Exchange Communication System. Focus on Autism and Other Developmental Disabilities, Vol. 9, No. 3, 1–19.

British Association for Behavioural and Cognitive Psychotherapies (BABCP) Mapping Psychotherapy (2005). What is CBT? http://www.babcp.com/silo/files/what-is-cbt.pdf.

British Educational Research Association (2011). Ethical Guidelines for Educational Research. London: BERA.

Brophy, J. (1986). Classroom Management Techniques. Education and urban society, 18(2), 182-94. Busner ,J and Targum,S, 2007. The Clinical Global Impressions Scale, Applying a Research Tool in Clinical Practice, Psychiatry (Edgmont) 2007 July; 4(7): 28–37.

Centre for Economic Performance (2012). How mental illness loses out in the NHS. London: The London School of Economics and Political Science.

Cohen, L., Manion, L., & Morrison, K. (2004). A guide to teaching practice. Psychology Press.

Cole, R., Purao, S., Rossi, M. and Sein, M. K (2005). Being Proactive: Where Action Research Meets Design Research. Proceedings of the Twenty- Sixth International Conference on Information Systems, Las Vegas, pp. 325–336.

Cole, T. (2009). Positive Behaviour Management: characteristics of effective mainstream schools. Study and Information Pack B (09/10). Curriculum and Caring for Children with SEBD: Theory and Practice. Manchester, SEBDA.

Cole, T., Daniels H & Visser, J. (2002). The health needs of young people with emotional and behavioural difficulties – bright futures: working with vulnerable young people.

Conover, P. J. (1988). Detention as a deterrent for late assignments: A study. Paper presented at the annual meeting of the American Research Association. Boston, MA. (ERIC Document Reproduction Service N: ED325910).

Cotton, D. (2010a). Effectiveness of Team-Teach. Manchester: SEBDA

Cotton, D. (2010b). The effect structured listening and learning has on pupils and schools following incidents involving physical intervention. http://www.pbstraining.co.uk/category/members/ Last accessed 15. 8. 2013.

Cotton, D. and Sellman, E. (2004). SEBDA News, Achieving Gold: 'Team-Teach' Behaviour Management Approach. SEBDA: Manchester.

Cotton, K. and Savard, WG. (1982). Student Discipline and Motivation: Research Synthesis. NW Regional Educational Laboratory. Portland: Oregon.

Dawson, C. (2003). A study on the effectiveness of life space crisis intervention for students identified with emotional disturbances. Reclaiming Children and Youth. Michigan: Gale Group.

Department for Children, Schools and Families. (2010). School discipline and pupil behaviour policies, guidance for schools. London: DCSF.

Department for Education, (2012). Behaviour and discipline in schools. A guide for head teachers and school staff. London: DfE.

Department for Education, (2013). Use of reasonable force. A guide for head teachers, staff and governing bodies. London: DfE.

Department for Education and Skills (DfES) and the Department of Health (DOH) (2002). The guidance for restrictive physical interventions. London;
Department for Education and Skills and the Department of Health

Department of Health (2001). Choosing Talking Therapies. London: Department of Health.

Department of Health (2006). Promoting the mental health and psychological well-being of children and young people: report on the implementation of Standard 9 of the National Service Framework for Children, Young People and Maternity Services. London: Department of Health.

DeMagistris, R. & Imber, S. C. (1980). The effects of the life space interview on academic and social performance of behaviourally disordered secondary students. Behavioural Disorders, 6(1); 12–25.

DfES (2005). Social and Emotional Aspects of Learning (SEAL): Improving behaviour, improving learning: DfES 2005.

Doyle, CE. (2003). Work and Organizational Psychology: An Introduction with Attitude. East Sussex: Psychology Press.

Dreikurs, R. and Grey, L. (1993). The New Approach to Discipline, Logical Consequences. New York: Plume.

Education Act 1996 (c.550b). London: HMSO.

Elliott, J. (1991). Action Research for Educational Change. Milton Keynes: Open University Press.

Ellison, S (2002). Taking the War Out of Our Words: The Art of Powerful Non-Defensive Communication: Bay Tree Publishing.

Faupel, A., Herrick, E. and Sharp, P. (1998). Anger Management A Practical Guide. London. David Fulton Publishers.

Finney, D. (2006). Stretching the boundaries: schools as therapeutic agents in mental health. Is it a realistic proposition? Pastoral Care, September 2006, 22–27.

Freud, A. (1937). The Ego and the Mechanisms of Defence. London: Hogarth Press and Institute of Psycho-Analysis.

Gibbs, G. (1988). Learning by Doing: A guide to teaching and learning methods. Further Education Unit. Oxford Polytechnic: Oxford.

Goldbart, J., Caton, S. (2010). Communication and people with the most complex needs: What works and why this is essential. Research Institute for Health and Social Care. Manchester Metropolitan University (MMU): Manchester.

Gould, J. (2010). Autism Spectrum Disorders and Mental Health and Implications for Diagnosis and Support. Presentation at Autism Special Interest Group for Educational Psychologists. London, 12. 7. 10.

Gray, C. (1991). What Are Social Stories TM. Available: http://www.thegraycenter.org/social-stories/what-are-social-stories. Last accessed 7. 6. 2012.

Hall, L. (1996). The generalization of social skills by preferred peers with autism. Journal of Intellectual & Developmental Disability, 21(4), pp 313–131.

Hayes, N. (2000). Doing Psychological Research: A Guide to Practice. Buckingham: Open University Press.

Helverschou, S. B., Bakken, T. L. and Martinsen, H. (2009). The psychopathology in autism checklist (PAC): A pilot study. Research in Autism Spectrum Disorders, 3, (1). 170–195.

Heneker, S. (2005) Speech and language therapy support for pupils with behavioural, emotional and social difficulties (BESD) a pilot project. British Journal of Special Education Vol 32 no 2.

Howlin, P. (1997). Autism: Preparing for Adulthood. London: Routledge.

HMSO (1989). Children's Act, London: Her Majesty's Stationery Office.

Infantino, J. and Little, E. (2005). Students' Perceptions of Classroom Behaviour Problems and the Effectiveness of Different Disciplinary Methods: Educational Psychology 25(5)491–508.

Johnson, L. (2004). The Queen of Education. San Francisco: Jossey-Bass.

Jones, G., English, A., Guldberg, K., Jordan, R., Richardson, R. and Waltz, M. (2008). Educational provision for children and young people on the autism spectrum living in England: a review of current practice, issues and challenges. London: Autism Education Trust.

Kahan, B. (1994) Growing up in Groups. London: HMSO.

Kanner, L. (1943). Disturbances of Affective Contact. Nervous Child 2, 217–250.

Karande, S., & Gogtay, N. J. (2010). Specific learning disability and the right to education 2009 act: Call for action. Journal of Postgraduate Medicine, 56(3), 171.

Lainhart, J. E. and Folstein, S. E. (1994). Affective disorders in people with autism: a review of published cases. Journal of Autism and Developmental Disorders, 24, (5), 587–601.

Lefton, L. A. (1991). Psychology. Boston: Allyn and Bacon.

Long, N. and Morse, W. (1996). Conflict in the Classroom: The Education of At-Risk and Troubled Students. Austin: Pro-Ed.

Long, N. J., Wood, M. M., & Fecser, F. A. (2001). Life space crisis intervention: Talking with children and youth to improve relationship and change behaviours. Austin, TX: PRO-ED, Inc.

Madders, T. (2010). You Need to Know. Campaign Report. London: National Autistic Society.

Martin, R. (2013). Aston academics research effectiveness of speed awareness courseshttp://www.aston.ac.uk/about/news/releases/2013/january/speed-awareness-courses/ Last accessed September 2015.

McLeod, S. A. (2008). Cognitive Behavioural Therapy. http://www.simplypsychology.org/cognitive-therapy.html 4. 7. 2012.

Meehan, L. (2011). The mental health of young people with autism and Asperger syndrome in mainstream secondary schools: a multiple case study approach. Birmingham : University of Birmingham.

Mental Health Foundation (2012). http://www.mentalhealth.org.uk/help-information/10-ways-to-look-after-your-mental-health/ 31. 5. 12.

Mental Health Foundation (2012). Talking Therapies. Available: http://www.mentalhealth.org.uk/help-information/mental-health-a-z/T/talking-therapies/. Last accessed 30. 5. 2012.

Miller, S. (1997). Personal Communication Passports Information Pack (5), CALL Centre, University of Edinburgh.

MIND (2012). MIND http://www.mind.org.uk/help/medical_and_alternative_care/making_sense_of_counselling#whatis 18. 6. 2012.

Moffat, B. (2010). Debriefing structure for pupils with limited communication (Unpublished).

National Autistic Society (2012). http://www.autism.org.uk/living-with-autism/communicating-and-interacting/communication-and-interaction.aspx 25. 7. 12.

National Health Service (2012). http://www.nhs.uk/Livewell/Autism/Pages/Autismoverview.aspx 23. 8. 2012.

National Health Service (2010). NHS http://www.nhs.uk/Conditions/Cognitive-behavioural-therapy/Pages/How-does-it-work.aspx 18. 6. 2012.

National institute on Deafness and other communication disorders NIDCD (2012).

National institute of Health (2012). http://www.nidcd.nih.gov/health/voice/pages/autism.aspx 20. 6. 2012.

NICE (2005). Latest NICE guidance sets new standards for treating depression in children and young people: NHS 2005.

Office for Standards in Education (2009). The exclusion from school of children aged four to seven. London: OfSTED Publications.

O'Hanlon, C. (2000). The emotionally competent school: a step towards school improvement and raising standards. Management in Education, 14, 2, pp22–24.

Ooi YP, Lam CM, Sung M, Tan WT, Goh TJ, Fung DS, Pathy P, Ang RP, Chua A. (2008). Effects of cognitive-behavioural therapy on anxiety for children with high-functioning autistic spectrum disorders. Singapore Med J. 49:215–20.

Oxford University Press. 18 October 2012 http://oxforddictionaries.com/definition/english/detention April 2010.

Pavlov, I. P. (1897/1902). The Work Of The Digestive Glands. London: Griffin.

Paxton, K. and Estay, I. A. (2007). Counselling People on the Autism Spectrum: A Practical Manual. London: Jessica Kingsley.

Perry, D. W., Marston, G. M., Hinder, S. A. J., Munden, A. C. and Roy, A. (2001). The phenomenology of depressive illness in people with a learning disability and autism. Autism, 5, (3), 265–275.

Qualifications and Curriculum Authority (2005). The P Scales – Level descriptors P1 to P8 London: Qualifications and Curriculum Authority.

Ramin, E. (2011). The Implementation of Life Space Crisis Intervention as a School-Wide Strategy for Reducing Violence and Supporting Students' Continuation in Public Schools. Teaching and Leadership: Dissertations. Paper 235.

Redl, F. (1960). Strategy and Techniques of the Life Space Interview. American Journal of Orthopsychiatry.

Royal College of Psychiatrists (2012). RCPsych Public Education Editorial Board http://www.rcpsych.ac.uk/mentalhealthinfo/treatments/cbt.aspx 04. 07. 2012.

Scope (2012). http://www.scope.org.uk/help-and-information/communication 20. 6. 2012.

Scope (2012). http://www.scope.org.uk/help-and-information/publications/communication-passport 20. 6. 2012.

Sellman, Edward (2009). 'Lessons learned: student voice at a school for pupils experiencing social, emotional and behavioural difficulties', Emotional and Behavioural Difficulties,14:1,33–48.

Siegal, D. & Bryson, T. P. (2014). No-Drama Discipline: The Whole-Brain Way to Calm the Chaos and Nurture Your Child's Developing Mind. (New York: Bantam).

Skinner, B. F. (1990). The non-punitive society. Japanese Journal of Behavior Analysis, 5, 98–106.

Smallwood, Beverly (2010). The Terrible Effects of Deliberate Humiliation. Available: http://www.hodu.com/humiliation.shtml. Last accessed 26 Jul 2010.

Smith, B. A. (2005). Saturday detention as an effective disciplinary consequence: High school administrators' perspective" (January 1, 2005). Dissertations Collection for University of Connecticut. Paper AAI3180258.

Sofronoff, K., Attwood, T. and Hinton, S. (2005). A randomised controlled trial of a CBT intervention for anxiety in children with Asperger syndrome. Journal of Child Psychology and Psychiatry, 46: 1152–1160. doi: 10.1111/j.1469-7610.2005.00411.x.

Syed, M. (2015). Black Box Thinking. London: John Murray.

Taylor, A. S. (2000). The UN Convention on the Rights of the Child: Giving children a voice. Researching children's perspectives, ed. A. Lewis and G. Lindsay. Buckingham: Open University Press.

Thomas, G. (2009). How to do your Research Project. London: SAGE Publications Ltd.

Thorley, G. (2000). Behavioural difficulties in Law J (eds) Communication difficulties in childhood Oxford: Radcliffe Medical Press.

Tversky, A. and Kahneman, D. (1989). Rational choice and the framing of decisions (pp. 81–126). Springer Berlin Heidelberg.

Van Bockern, S., Ashworth, J., Ailts, J., Donnelly, J., Erickson, K. and Woltermann, J. (2008). The restorative justice centre: an alternative to school detention. Reclaiming Children and Youth. 17(3):22–27.

Van Bockern, S., Ashworth, J., Ailts, J., Donnelly, J., Erickson, K., Tobin, T. and Sugai, G.(1996). Patterns in middle school discipline records. Journal of Emotional and Behavioural Disorders, 4, 82–95.

Vermeulen, P. and Vanspranghe, E. (2006). Psychological Support of Individuals with an Autistic Spectrum Disorder. Good Autism Practice, 7, 1, 23–29.

Weare, K. and Gray, G. (2003). What works in developing children's emotional and social competence and well-being? Nottingham: Department for Education and Skills.

White-McMahon, W. (2009). The Effects of Life Space Crisis Intervention on Troubled Students' Socio-emotional Growth and Development. Manitoba: Walden University.

Wood, M. and Long, N. J. (1991). Life space intervention. Talking with children in crisis. Austin: Pro-Ed.

Wood, T. and Berry, B. (2003). Editorial, What does "Design Research" Offer Mathematics Teacher Education?, Journal of Mathematics Teacher Education 6 pp195–199.

Wood, J. J., Drahota, A., Sze, K., Har, K., Chiu, A. and Langer, D. A. (2009). Cognitive behavioural therapy for anxiety in children with autism spectrum disorders: a randomized, controlled trial. Journal of Child Psychology and Psychiatry, 50: 224–234. doi: 10.1111/j.1469–7610.2008.01948.x.

www.ingramcontent.com/pod-product-compliance
Lightning Source LLC
Chambersburg PA
CBHW060522290526
45791CB00001B/497